「食」の図書館

ダンプリングの歴史

DUMPLINGS: A GLOBAL HISTORY

BARBARA GALLANI
バーバラ・ギャラニ【著】
池本尚美【訳】

原書房

目　次

［……］は翻訳者による注記である。

第1章◉ダンプリングとはなにか

◉驚くほどの多様性

「ダンプリング」という言葉が指すものは、じつにバラエティに富んでいる。たとえば、小麦粉と動物性脂肪を混ぜて練り、あたたかいシチューに浮かべたふわふわの団子状のもの。肉や野菜を薄い生地で包み、蒸したもの。ジャガイモと卵と粉を練って小さく丸め、とろりとしたソースをかけたもの。世界にはおいしいダンプリング料理がたくさんあり、シンプルなものは、家庭の食卓や、学校や社員食堂に毎日並んでいる。ほかに祝いの席や祭礼で年に一度か二度出される手の込んだものもある。

「ダンプリング」という言葉だけでは、これらの料理の驚くほどの多様性は部分的にしか言い表すことができない。一般的な定義付けが難しいのは、英語の「ダンプリング（dumpling）」という言葉が、同じような特徴を持ちながらも、その料理独自の個性とその国によってさまざまな言い方を持つ多くの料理をひとくくりにし、簡潔に言い換えたものになっているからだろう。本書巻末の「世界のダンプリング」をご覧になれば、ダンプリングの類似性と多様性がおわかりになると思う。

タイのチェンマイのあるシェフ――アジア各国のダンプリングとその微妙な違いに精通している――は、ワゴンに並ぶ点心が入った竹の蒸籠《せいろ》を指さしてこう言ったことがある。「中国のダンプリングは『ほとんど一緒。でも違う』」。このタイでよく知られたことわざは、ダンプリングの類似性と多様性をよく言い表しているといえるだろう。

原語の意味を正しく伝えるために、簡潔な「ダンプリング」という語に少し言葉を足して、その食べ物の材料、調理法、盛り付けまで余すところなく伝える訳語が必要になることがある。たとえば、イタリア語の「カラメッレ」は、「薄い小麦の生地にリコッタチーズとホウレンソウをはさんでキャンディの形に包み、熱湯でゆで、溶けたバターとセージを添えて器に盛る、イタリア北部の都市ピアチェンツアの代表的な料理」だが、これを「具を入れたイタリアのダンプリング」と訳しても間違いではないものの、原語が表す内容はほとんど伝わらない。

羊肉やヤクの肉を詰めて蒸したモンゴルの「ボーズ」

『オックスフォード英語辞典』で「ダンプリング」を引くと「生地を丸めた味のよい小さな団子状のもの」としか載っておらず、ほかの形のものは省かれ、具を入れた形のものには言及されていない。一方、ダンプリングの調理法として「ゆでたり、揚げたり、焼いたりする」という記述もある。

本書を執筆するにあたり、私は長年にわたって情報収集を重ね、多くのシェフ、調理師、料理好きな人と広く深く会話し、数え切れないほどの量のダンプリングを食べた。結論として、ダンプリングとは「具を入れていないものも、具を入れているものも両方含む」と定義することにする（具を入れているものの中には、詰め物をしたパスタを含めることもある）。ただし、揚げる、焼くという調理法を含めるのには抵抗がある。というのも、これらを含めてしまうと、ダンプリングとはフリッターや肉入りパイのようなものだと思われてしまう可能性があるからだ。

具を入れないダンプリングの多くは、調理がとても簡単である。せいぜい数種類程度の基本的な材料を混ぜ合わせて熱湯でゆで、水気を切り、シチューに入れたり、とろりとしたソースを添えたりするだけでよい。もっと簡単に、食卓に出すスープや鍋に直接入れてしまうという方法もある。このタイプのダンプリングは、料理にボリュームを出したいときや、ジャガイモやパスタやライスの代わりに使いたいときに向いている。

具を入れないダンプリングの多くは少ない材料を混ぜ合わせたシンプルなものだ。ゆでてロースト肉やグレーヴィーソースを添えたり、シチューに入れたりする。

最もシンプルなレシピでは小麦粉と水しか使わない。ほかによく使う材料はパン粉やバターなどであり、ハーブやチーズや卵を加えるときもある。アフリカでは、小麦粉の代わりに雑穀やヤムイモや地元で採れるでんぷん質の食材が使われ、中央、東、北ヨーロッパでは、ジャガイモがおもな材料になる。もっとも、具を入れないダンプリングは、単独ではあまり理想的な料理とはいえない。それだけでは味が淡泊だし、腹の足しにはなるが、あまり栄養価が高いとはいえないからだ。

具を入れたダンプリングとは、さまざまなおいしい食材を生地で包んだものである。中に詰める具はどんなものでもかまわない。制約があるとすれば、地域や季節によって入手できる食材が限られていること、伝統的な作り方に従ったほうがよいという考え方ぐらいである。生地をこねて成形するという基本的な作り方さえ覚えてしまえば、いつもの簡単で手軽なものか、特別な料理かによっても違ってくるが、手の込んだ変わった具と味の組み合わせをいくらでも作り出すことが可能だ。具を入れたダンプリングはそれだけでも完璧な一品になり、栄養価の高いものを付け合わせる必要はない。シンプルなソースを添えるだけで十分で、ソースが不要な場合もある。

ダンプリングへの情熱が高じて、私は以下のものをダンプリングの具としてすべて試してみた。肉――牛肉、豚肉、羊肉《ようにく》、鶏肉、ウサギ、ヤク［チベット、中央アジア産の野牛］、アヒル。

ダンプリングは機械でも作られる。具をのせた生地をふたつに折って包み、ベルトコンベヤーで運ばれ、包装される。

野菜――キャベツ、ホウレンソウ、カボチャ、タマネギ。チーズ――ブルーチーズ、リコッタ、クリームチーズ、モッツアレラ。魚介類――サケ、タラ、エビ、ロブスター、カニ。スイーツ系――ジャム、ナッツ、チョコレート、チョコレートとヘーゼルナッツのスプレッド。その他――キノコ、栗、イラクサ、ウイキョウ［香辛料、薬用にするセリ科の植物］、チョウセンアザミ、海藻。ピーナッツバターは、まだ自分で試したことも、誰かに出されたこともないが、だからといって試す価値がないとか、具に向いていないということではない。つまり、なんでもいいのである。

実際のところ、ほとんどのダンプリング料理は、ほかの多くの伝統的な料理と同じく、もともとは余った食材を使い切るために作られた。古くなったパン、パンくず、昨夜の残りのシチュー、ロースト肉、魚、その他……レシピに限りはない。具を調理する時間を節約した結果、興味深く、独特な味の組み合わせが生まれたというわけだ。

●ダンプリングを作る

詰め物をしたダンプリングを一から作るのは骨の折れる面倒な仕事だ。経験と根気が必要だし、ひとりでやるよりも何人かでやったほうがうまくいくだろう。実際、ポーランドやイタリアのカトリックのクリスマス、中国の旧正月、ユダヤ教のヨーム・キップール［あがないの日。過去1年間を反省し、犯した罪のゆるしを求め、終日断食して祈る］の前夜のような、特別な祭礼のために一族の女性が台所に集まってダンプリングを作るのは、多くの文化において伝統となっている。

生地をこね、延ばし、ひとつひとつ具を詰めて形を整えるという作業は、元気に遊ぶ子供たちの存在を近くで感じながら、家族の近況報告をしあったり噂話を楽しむというにぎやかな雰囲気の中で行なうほうが気楽にできるものだ。これはレシピや作り方を若い娘たちに伝える最も手っとり早い方法であり、娘たちにしても、最初はうまくできなくても何度かやってみようと思うものだ。

成形したダンプリングは、乾燥させたり冷凍すれば大量に保存でき、必要なときにわずかな時間で調理することができる。スーパーマーケットなどでも、さまざまな種類の半調理済みのダンプリングが売られている。数週間保存可能な真空パックになっていたり、ファミリーサイズの大きなポリ袋に入って冷凍されていたりするが、いずれも湯でゆでればすぐに食べられる。

ダンプリングを一から作る方法は、これからも長く受け継がれてほしい、すばらしい技術だが、非常に多くの手間と労力と時間を必要とするというのもまた事実である。社会はすっ

さまざまな形のダンプリング

かり様変わりし、調理に費やす平均時間が年々短くなってきているという現状では、調理が楽で、おいしく便利な半調理済みのダンプリングは歓迎されて当然といえるだろう。手早く調理できるうえに、ヘルシーで栄養も満点なのだから。

スーパーの棚には、おなじみの具を詰めたダンプリングだけでなく、目新しい食材や季節限定の食材などを使ったダンプリングも並んでいる。たとえば、イタリアのトルテッリーニはパルマハム［イタリア産の生ハムの一種］を具として使うのが一般的だが、今は、スペインのチョリソ、ドライトマト、スイスのエメンタールチーズ、レーズンを具として使ったものもある。グローバル化が進んで手に入りやすくなった世界中の食材と、その土地の食材を組み合わせることによってさまざまな組み合わせが可能になり、おいしくてバランスのとれたレシピが次々に生まれている。

ダンプリングの大きさも、その種類の豊富さを語るうえで重要である。とびきり大きなダンプリングは、ひとつずつ、またはふたつずつ盛り付けられ、中には起源のかなり古いものもあり、伝統的なレシピはその地域で一般的な食材や残りものを使って生み出されてきた。中央ヨーロッパの「ゴンボーツ」、アフリカの「フウフウ」、南アメリカの「タマレス」はとても大きく、皿からこぼれそうなほどだ。

一方、小さいものの代表としては、ドイツやオーストリアの「シュペッツレ」やハンガリーの「チペトケ」のような「湯に落とす」ダンプリングがある（作り方は、生地を小さく切り、それを細長い形に整え、熱湯で数分間ゆでる）。このように、さまざまな種類があるということは、「ダンプリング」という言葉が、世界中で日々食卓にのぼるさまざまなダンプリングの多様性を部分的にしか説明できていないことを証明するものだ。

第2章◉世界のダンプリング

アルプス山脈からモンゴルの大草原まで、サハラ砂漠以南から日本まで、ラテンアメリカのトウモロコシ畑から世界中に点在する中国人社会まで――ダンプリングは地球上のほとんどの地域に存在する。ダンプリングは昔からふたつの面を合わせ持ってきた。農民が少量の肉を大家族やコミュニティで分け合えるように作った素朴な料理という面と、特別な日に出される、繊細な具を包んだ手の込んだ洗練された料理という面である。

ダンプリングの歴史をたどっていくと、「イタリアのスパゲッティが先か中国の麵が先か」という有名な論争に行きあたる。実際、具を詰めたダンプリングの中には興味深い謎を秘めたものがあり、大部分は解明されていない。その謎とは、イタリアのラヴィオリとロシアのペリメニと中央アジアのマンティと中国のワンタンとのあいだには、文献的なつながりが見

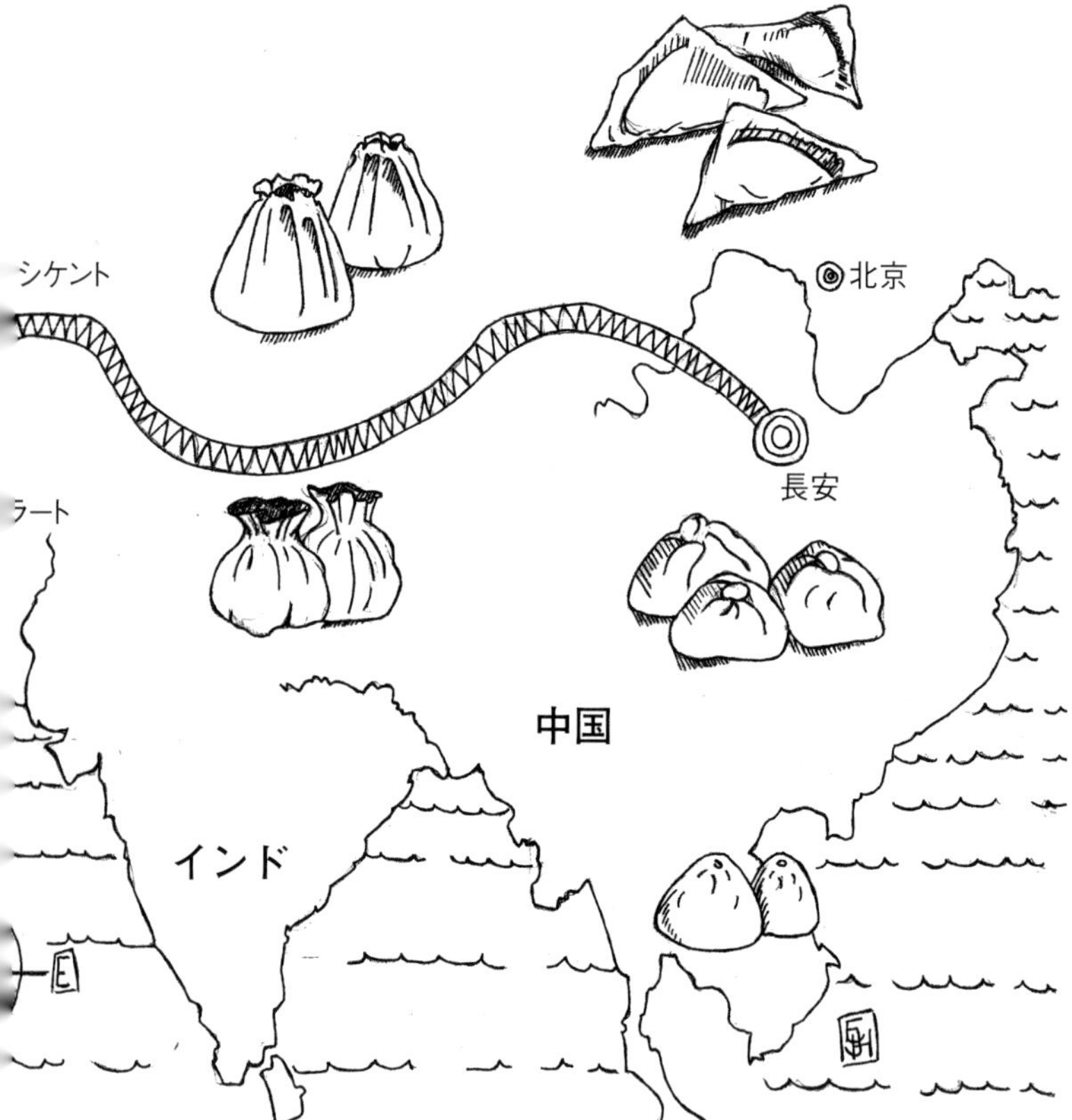
シケント
北京
長安
ラート
中国
インド

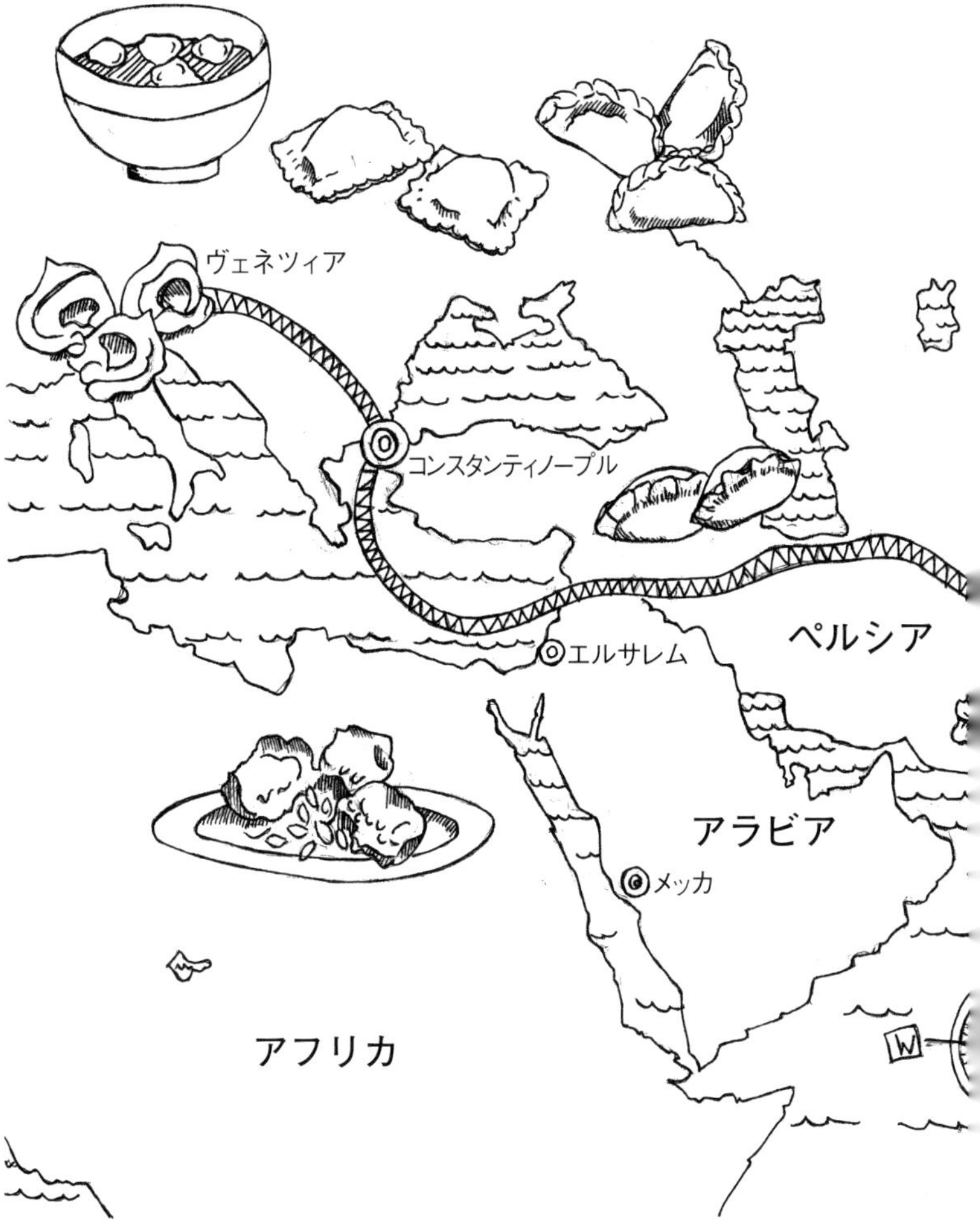

シルクロードを利用した旅や交易は、ダンプリングの発展に影響を与えてきた。

られるのかというものだ。マルコ＝ポーロやヴェネツィアの商人たちは、東西の食の交流を助け、極東の豊富な香辛料がヨーロッパの伝統的な料理に影響を与えるのに、どの程度まで関わったのだろうか。

ダンプリングは、世界各地で——材料はほぼ同じであるにもかかわらず——独自に発展してきた。ただし多くのダンプリングに共通するある種の形や味の組み合わせは、国から国へ、大陸から大陸へと伝えられてきたものであり、そうした伝播には旅や交易が果たしてきた役割が大きい。

◉ジェノヴァとヴェネツィアの商人

商人や十字軍兵士が地中海を越えて、それまで足を踏み入れたことのなかった中東や極東へ向かったのと同じように、マリナーレ共和国（ジェノヴァ、ピサ、ヴェネツィアを含む10世紀から13世紀にかけてイタリア半島で繁栄した都市国家）の強力な軍や商業活動が、文化と食の交流の触媒としての役割を果たした。

たとえば、薄い2枚の生地のあいだに具をはさんだ四角形のラヴィオリは、12世紀のあいだに、まずジェノヴァからパルマとヴェネツィアに伝わり、そこからヨーロッパのハンガ

イタリアのラヴィオリなどの具入りダンプリングはじつにバラエティに富んでいる。シンプルなソースを添えたり、オリーブオイルをかけて食べる。

リーやポーランドやボヘミアへ広がった。中世に定期的に開かれた市《いち》では商人が商品と通貨を交換し、近場だけでなく遠くの町や村からも人々がやってきてにぎわった。

売買を目的として活発に集められた物品の主役はやはり食べ物と飲み物であり、曲芸師や講談師、手品師、売春婦と同様に多くの人々を集めた。市がひんぱんに開かれていたジェノヴァ港は、やがて地中海の商業の中心となり、遠くからやってきた船乗りや商人たちがここでラヴィオリを初めて知った。

13世紀のジェノヴァとヴェネツィアの商人は、マルコ＝ポーロの一族も含め、商取引や調査を目的として東へ旅した。マルコ＝ポーロの並外れて奇想天外な旅の見聞録は、そのすべてがマルコ＝ポーロ自身の経験なのか道中で耳にした話も盛り込んでいるのかはさておき、何世代もの探検家や旅人に刺激を与え、遊牧民のタタール人やモンゴル人固有の儀式、旅、食べ物、社会規範を含めた生活様式に関する知識を増やすのに役立った。

◉中央アジア

マルコ＝ポーロが東へ旅しているあいだ、チンギス＝ハン率いるモンゴル軍は中央アジアの大草原を越えて西へ進んでいた。近隣の国々を次々に征服しながら、彼らは羊やヤクや馬の肉を具にしたダンプリングを手に入れ、野で火をおこして煮て食べた。現代の中央アジアの遊牧民と同じく、チンギス＝ハン率いるモンゴル軍にとって、肉をベースにした具入りのダンプリングは、山羊や馬のミルクやクリームやチーズなどの乳製品とともに、彼らの食生活を支える重要な食べ物だったのだ。

次第に中央アジアは、異なる伝統を持つ具入りのダンプリングが入りまじる場所になっていった。商取引や道が整備されたことにより、イタリア半島、中国、モンゴルの食材やレシピが、もともとそこにあった伝統的なダンプリングと接触したからである。実際、トルコではダンプリングをタタール・ボレキ（タタール人の肉入りパイ）とも呼ぶ。

ウズベクのマンティ。中央アジアや中東で一般的なダンプリングで、ヨーグルトやハーブのディルを添えて出される。

また、中央アジアのいたるところで、ラム肉のミンチを具として使い、そこに黒コショウやほかの香辛料を混ぜたり、ニンニクやヨーグルトやサワーミルクを混ぜたりする習慣がある。

中東とユダヤの料理に精通しているフードライターのクローディア・ローデンは、イタリアと中央アジアのダンプリングには強い結びつきがある、と著書『ユダヤの料理――サマルカンドとヴィルナから現代までの長い旅 *The Book of Jewish Food: An Odyssey from Samarkand and Vilna to the Present Day*』（1997年）で述べている。

パスタの伝播にはポーランド王室におけるイタリア人の存在が影響しているが、同時にパスタはイタリアから中央アジアを経由してポーランドに伝わったため、サワークリームを添えるチーズクレプラハ（具入りのダンプリング）は、イタリアのラヴィオリやカッペレッティよりも、ヨーグルトをかけるトルコやモンゴルのマンティの影響を強く受けていると思われる。

◉ロシアと東ヨーロッパ

また、ロシアのペリメニにはロシアを原産としない黒コショウや香辛料で濃く味付けをした肉が具として入っていることから、ペリメニはもともと中国で生まれ、モンゴル人によってシベリア、ウラル山脈を越え、さらにはアナトリア、東ヨーロッパまで伝わったという説を唱える人もいる。しかし、極東からの影響があるという説は現実味があるものの、ロシアのダンプリングの起源は今のところはっきりしていない。

ひとつの可能性として、ウラル山脈一帯を起源とするという説がある。その一帯では、ごく薄いパンに肉を包んだものをペルィニャヌィ（pel'nyan'）と呼んでいて、それがペリメニ（pelmeni）の語源となっていると考えられるからである（ちなみにペルィニャヌィとは、現

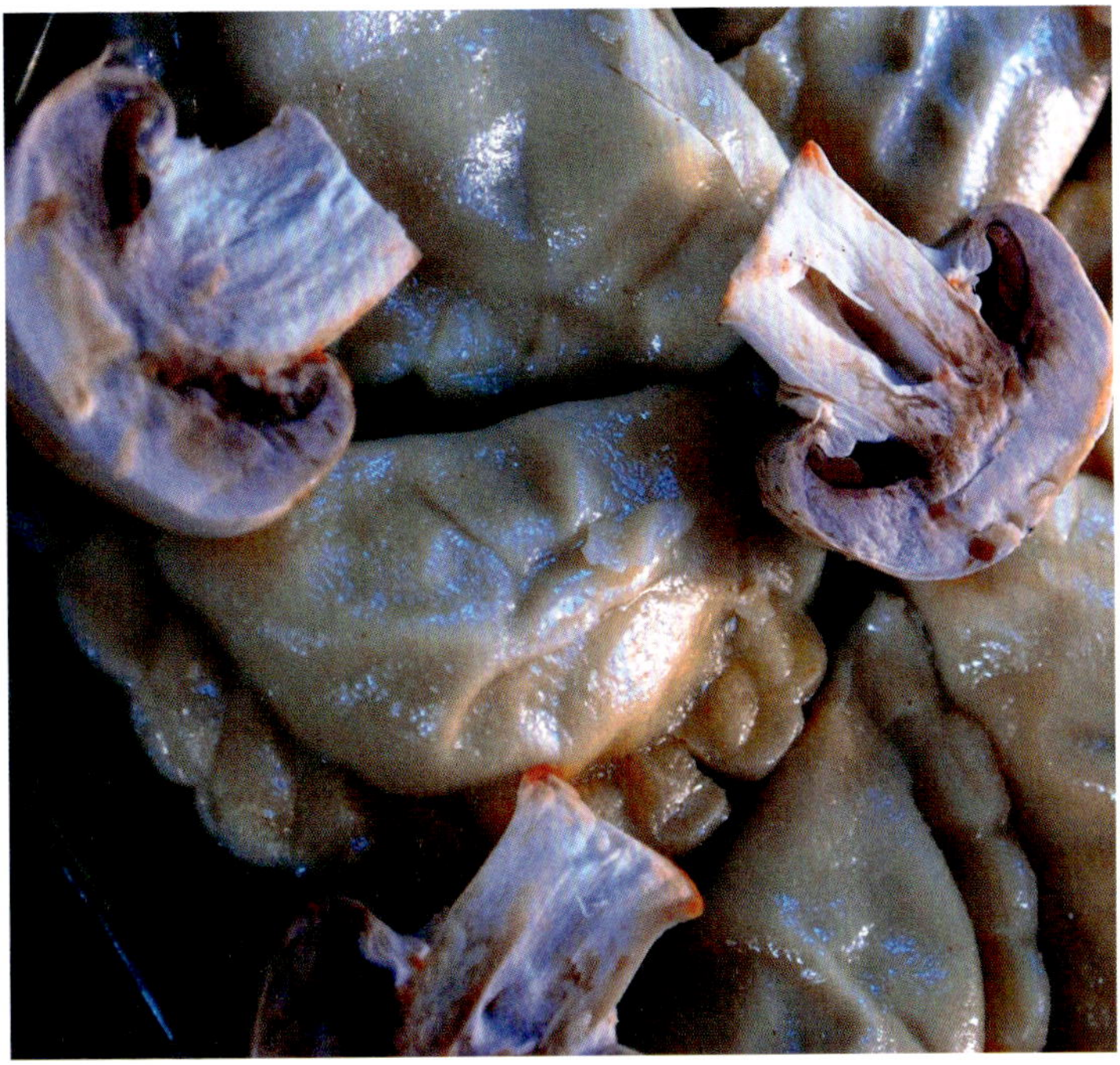

ポーランドのピエロギ、ロシアのペリメニ、ウクライナのワレーニキのような東ヨーロッパのダンプリングは、形や具や食感がよく似ている。

肉とカボチャを詰めたポーランドのポテト・ボール

鶏肉とパプリカのシチューを添えたハンガリーのクノードリ

地のコミ族やマンシ族の言葉で「パンの耳」を意味する)。その後ペリメニは、ロシアの探検家や開拓者らによって中央アジア中に広がった。

またこのほかに、猟師が考え出したという説もある。猟師は長い狩猟の旅に携帯できる、軽くて簡単に調理でき、栄養価も高い食べ物を必要としていたからである。ペリメニはこういった目的にかなっている食べ物だった。気温が零下ならば日持ちがするし、野で火をおこして鍋でゆでればすぐに食べられるからだ。

東ヨーロッパには、ほかにもいろいろなダンプリングがある。ウクライナのワレーニキもそのひとつで、ワレーニキという名前は、動詞の「ゆでる」に由来する。また、ポーランドのピエロギは、さまざまな具を詰めたダンプリングで、ロシアのダンプリングとまったく同じといっていいほどよく似ている。「ラスキー［ロシア人の意］・ピエロギ」とはうまいネーミングである。だが、ピエロギという言葉は、ロシアやウクライナではダンプリングではなく、果物やケシの実を詰めて焼いたふんわりとしたパンを指す。

◉アフリカ、南アメリカ、北ヨーロッパ

アフリカ、南アメリカ、北ヨーロッパでも中央アジアと同様の現象が見られる。まず、それぞれの場所で身のまわりにあるさまざまな材料を使った具のないよく似たダンプリングがいくつも独自に作られ、その後、それがそれぞれの大陸に広がり、種々雑多なレシピが生み出された。

アフリカ大陸では──呼び方こそ違うが──見かけも味もよく似た具のないダンプリングが、西部や東部、南部の国で見られる。どれも地域の食生活を支える重要な食べ物であり、地元で採れる炭水化物源──ヤムイモ、サツマイモ、モロコシ、キビや、南アフリカ原産のキャッサヴァやトウモロコシ──をこねて形を整えたものだ。煮込んだり焼いたりした肉や、

魚や野菜に添えて食卓に出される。

西アフリカでよく見られるケンキーは、トウモロコシ粉のサワードウ［パン種］を用い、バナナの葉に包んで蒸したもの。カリブ海地域のマングやモフォンゴと共通点が多い。南アフリカでは、甘いサウスクラキースがアフリカーナ人の子供たちのあいだで人気がある。これはアフリカ大陸のほかの地域のダンプリングとはかなり違っていて、セルフレイジングフラワー［ベーキングパウダーと塩の入った小麦粉］と卵と牛乳を混ぜ、たっぷりの熱湯でゆで、甘いシナモンシロップにひたして食べる。

トウモロコシが主食であるラテンアメリカでは、ダンプリングは――具（肉、チーズ、レーズン、ドライフルーツなど）の入っているものであれ、具の入っていないものであれ――マサというトウモロコシの粉と石灰水を混ぜた生地で作り、バナナの葉で包んで蒸して食べる。呼び方は、タマレスやウミタスなど、国によってさまざまである。

主要な炭水化物がジャガイモである中央ヨーロッパと北ヨーロッパでは、ジャガイモでダンプリングを作る。ジャガイモをゆでてつぶしたり、生のまますりおろしたりし、そこに卵やバターや牛乳を混ぜて丸や楕円形に整え、熱湯でゆでる。

どの地域のダンプリングもとてもよく似ているが、呼び方はさまざまだ。「ジャガイモのボール」「ジャガイモのケーキ」「ジャガイモのダンプリング」という意味を持つものが多い。いくつか例をあげると、ノルウェーのポテット・クルッブ、ポテットボル、ポーランドのコペトゥカ、ドイツのカルトッフェルクレーセ、デンマークのフリカッセボッラなどがある。

ユダヤ人のダンプリングも、ディアスポラ［バビロン捕囚後、ユダヤ人がパレスチナ以外の地へ離散したこと］以降、ヨーロッパ、中東を中心に世界中に点在するようになったユダヤ人社会固有の食材、食べ物、伝統などが相互に作用し、独自に発達してきた。最も有名なユダヤのダンプリングは、具の入っていないクネイデル（マッツァを砕いた粉を用いた蒸し団子）と、具の入っているクレプラハである。クローディア・ローデンは著書でこう述べている。

イディッシュ語［ドイツ語にスラヴ語、ヘブライ語を交え、ヘブライ文字で書く言語。欧米のユダヤ人が用いる］のクネイデル（knaidl）は、「ダンプリング」を意味するドイツ語のクネーデル（knödel）から派生した語である。中世の初め頃からドイツやチェコやオーストリアでさまざまな種類のダンプリングが食べられるようになり、やがてそれがユダヤ人の食にも浸透してきた。東ヨーロッパ全土にわたり、ダンプリングは農民や貧しい人たちがとる典型的な食べ物だった。

カッペレッティやトルテッリーニのような具の入った大きなダンプリングは、14世紀の初期にヴェネツィアを経由してドイツのユダヤ人にもたらされた。

ダンプリング売り（水彩、インク、紙、中国広東省広州、1790年）。この絵は、広東のさまざまな商いや職業を描いたシリーズ100作品のうちのひとつ。中国について知りたいヨーロッパ人のために描かれた。

◉中国

アジアにおけるダンプリング誕生の地は中国である。中国には、さまざまな形、具を組み合わせた何千といってもいいほどのダンプリングがあるが、それらは3つに大別できる。ワンタンと餃子《ジャオズ》と包子《バオズ》だ。

中国のダンプリングの特徴を手短に述べるのは難しいが、以下に述べることは、中国のダンプリングの一般的な説明といっていいだろう。

ワンタンはごく薄い生地に具を入れて包み、スープに入れるか蒸す。

餃子《ジャオズ》は厚く歯ごたえのある生地で具を包み、角《つの》や大きなブラジル

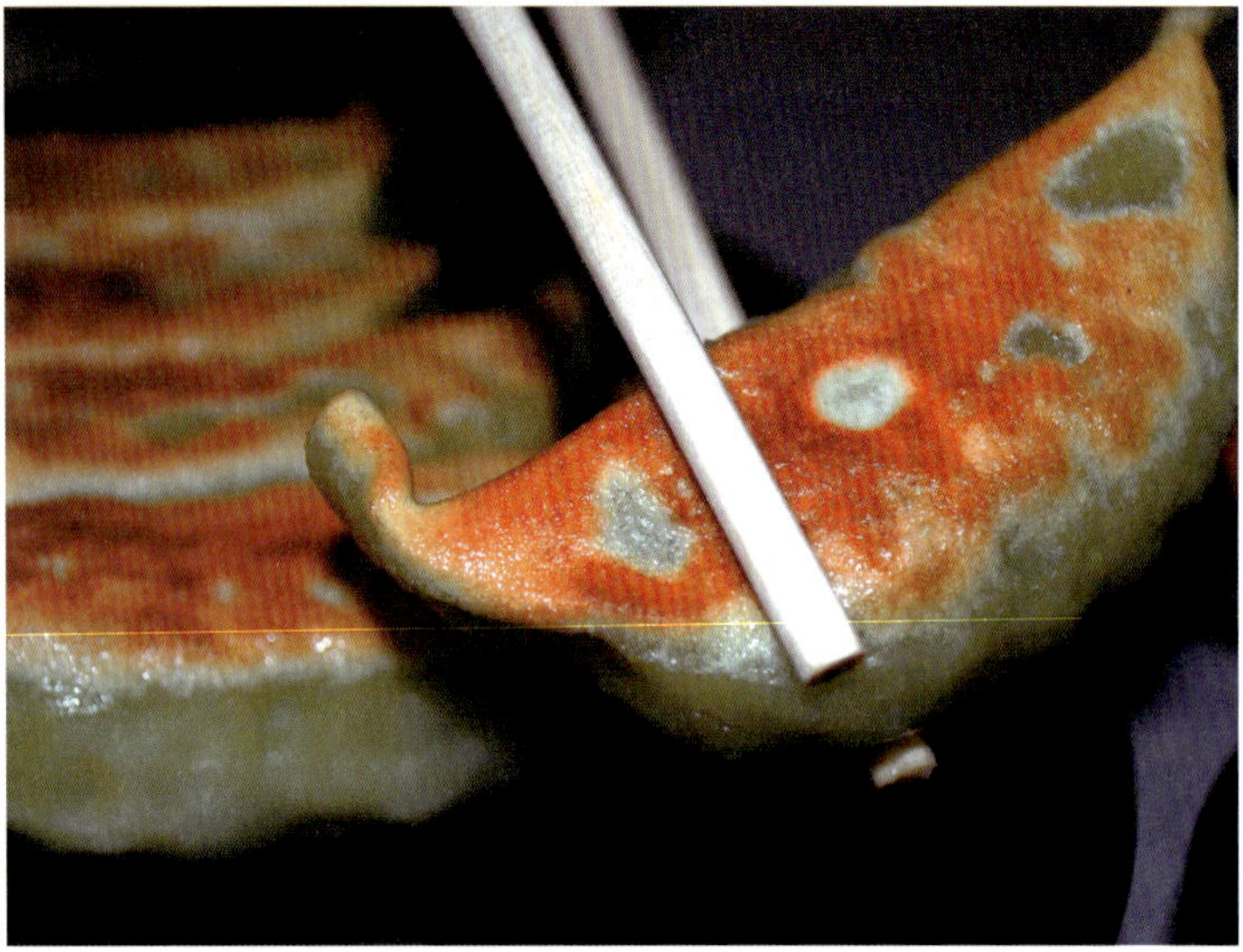

ニンニクの香りがふんだんに漂う日本の餃子

ナッツのような形に整え、蒸すかゆで、醤油やラー油をベースにしたたれにつけて食べる「これを水餃《シュイジャオ》という」。餃子《ジャオズ》の中でも油で焼いた焼き餃子《ジャオズ》は鍋貼《グウオテイエ》と呼ばれる。

包子《バオズ》はふわふわしたパンのような生地に具を包んで丸い形に整え、蒸す。包子《バオズ》を饅頭《マントウ》と呼ぶ地域もあるが、饅頭《マントウ》はおもに具の入っていない包子《バオズ》を指す。

ワンタンは、中国から西へはモンゴルの大草原を経由して伝わり、東へは朝鮮半島を経由して海を越え、日本に伝わって餃子《ギョーザ》という名前で親しまれるようになった。同時に包子も同じような道筋をたどり、極東の国々でそれぞれ名前がつけられ、さらにはハワイにまで伝わった。

ハワイの包子はマナプアと呼ばれている。もともとは、仕事を求めて中国からわたってきた移住者によってハワイなどの太平洋諸島にもたらされた。彼らはまだ湯気の立つ具入りのダンプリングを竹籠に入れて通りを売り歩き、やがて街角や人の多い海岸にワゴン車を停めて売るようになった。今ではパン屋やレストランやスーパーマーケットでマナプアを入手できる。

●海を渡ったダンプリング

ハワイに根付いた中国のダンプリングと同じように、多くの食の交流が、移住に伴う歴史的、経済的要因を背景にして進んだ。移住者が持ち込んだスーツケースやトランク、さらにはあとから送られてくる船便の荷物の中には、彼らの故郷の伝統的な食べ物が入っていた。たとえば、北アメリカでダンプリングが定着したのは、イタリアやドイツをはじめ、中央、東ヨーロッパの国々、さらには中国やほかのアジアの国々からの移住者が新世界［アメリカ大陸］にやってきたからである。

興味深いのは、アメリカ英語の「ラヴズ（ravs）」は、もともとはイタリアのラヴィオリ（ravioli）の短縮形だったが、次第に、国外から入ってきた具入りのダンプリング全体を指す

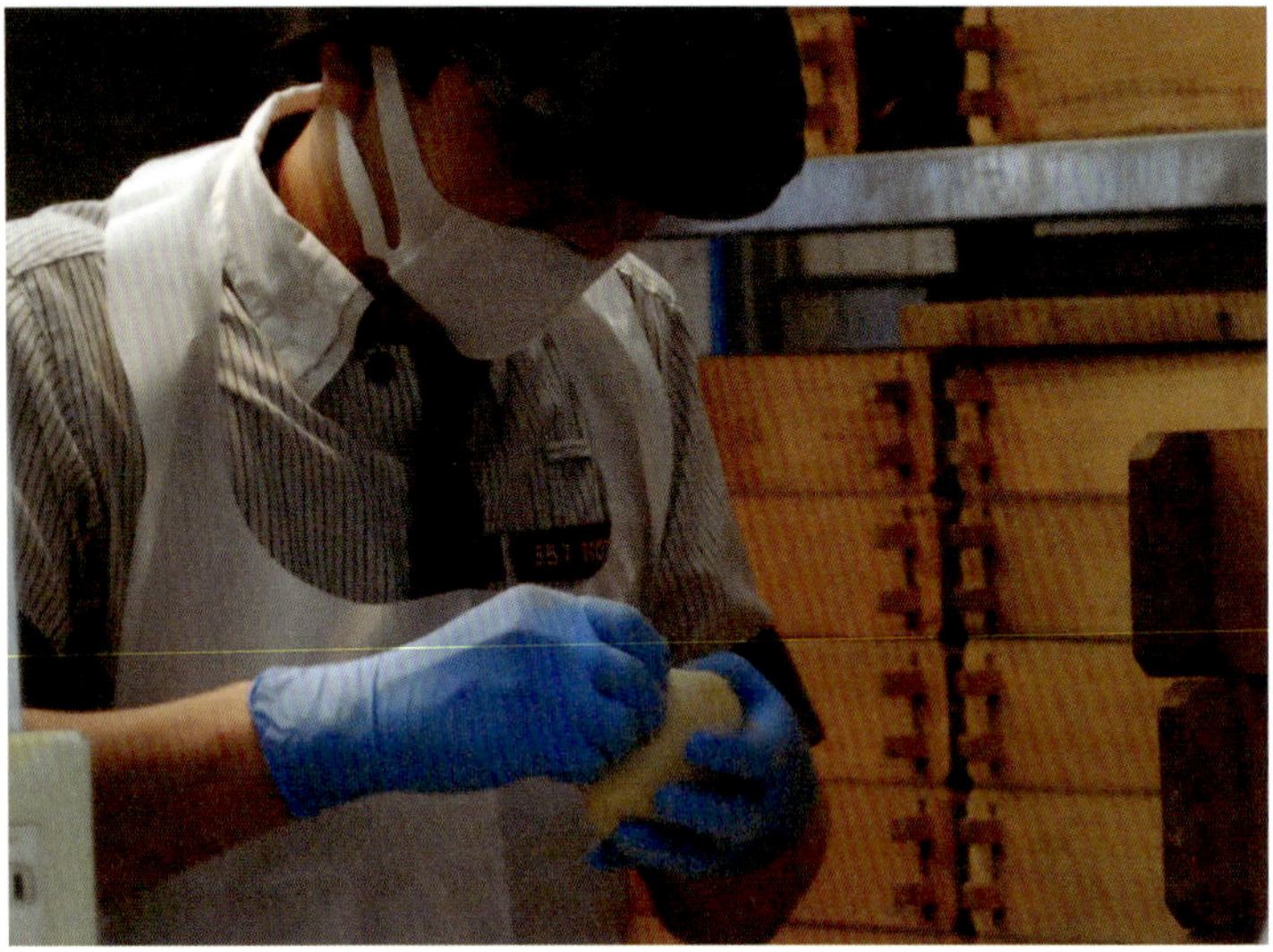

木製の大きな蒸し器に入れる前に、中国スタイルの包子に具の肉を詰める。

ようになったことである（じつはポーランドのピエロギもロシアのペリメニもこう呼ばれる）。同様に、中国のワンタンも「チャイニーズ・ラヴズ」または「ピーキング・ラヴズ」［ピーキング（Peking）は、「北京」の意］と呼ばれることがある。

伝統的な料理や調理法が相互に影響を与え合う興味深い現象は、今日も続いている。伝統的なレシピに現代風の工夫を加えることは、世界中の食材の入手が容易になり、手軽に旅行ができ、瞬時に情報にアクセスできるようになったことで、ますます盛んになっている。

こうして伝統的なレシピには絶えず修正が加えられ、もともとのレシピに著しい影響を与えるようになった。たとえば、北アメリカの中華料理店ではクリームチーズ入りのワンタンが出されている。また、「マースバー」〔チョコレートバー〕や「ヌテラ」〔チョコレート風味のスプレッド〕が入ったモモ（羊肉や野菜を具にしてゆでて食べるネパールやチベットの伝統的なダンプリング）は、ネパールやチベットを旅する、チョコレートが恋しくなったバックパッカーにとても人気がある。

第3章◉語源、歴史的文献、料理書

有名なマリー・アントワネットのブリオッシュ［バターと卵入りの甘くて軽いパン］ほどではないにしろ、ダンプリングは世界中の歴史的文献や料理書に数多く登場する。ダンプリングが世界各地で食べられ、伝統に深く根付いていることを考慮すれば、これは当然のことだろう。ダンプリングの進化の過程は、ページの黄ばんだ古書と、書店の料理書コーナーや中流階級のキッチンの棚に並ぶ色とりどりの本を比較することによりたどることができる。19世紀と20世紀の本に収録されているレシピの多くには、何百年ものあいだダンプリングがどのように調理され、食べられてきたかが記録されている。最も伝統的なレシピ、とりわけ祝いの席の料理用のレシピは、現代的なキッチンや食品工場で今なお守られ、忠実に再現されている。一方、新しいダンプリングのレシピの多くは、なじみのない世界の料理法と材料を取り入れることで日々の食事をもっと新鮮で魅力的にしたいという思いから、家庭やレストランでレシピの改良が重ねられた結果生まれてきたものだ。

◉ダンプリングの語源

おびただしい数の参考文献があるにもかかわらず、各国の言語でダンプリングを言い表すのに使われる言葉の語源を明らかにするのは、必ずしも簡単ではない。参考にするのが文書であれ言い伝えであれ、ダンプリングの形と具のそれぞれで異なる語源に行きつくことが多く、複数の解釈が成り立つからである。本書の巻末の「世界のダンプリング」をご覧になれば明らかなように、ダンプリングを指す言葉は数多くあり、それぞれの名前は、その名前ひとつでさまざまな形や具の組み合わせを言い表している。

例をあげると、英語の「ダンプリング（dumpling）」という言葉の起源は16世紀か17世紀にまでさかのぼり、今ではほとんど使われていない名詞の「dump（ずんぐりした人という意味）」に、「小さい」という意味を表す -ling がつけられてできた。また、20世紀中頃にウクライナでよく食べられるようになったツェペリナイは、フェルディナント・フォン・ツェッペリン伯爵が設計したドイツの飛行船「ツェッペリン号」に由来している。大きくて細長い

中国のダンプリングのワンタンは、薄い生地に具を入れて包み、スープに入れて出されることが多い。ワンタンの語源は、そのふぞろいな形に由来する。

形がこの飛行船によく似ているからである。

中国では、同じダンプリングのことを、中国の標準語（マンダリン）では「餛飩《フントウン》」（「ふぞろいな形」という意味を表す）と呼び、広東語では「ワンタン」（「雲呑」と書き、「雲を呑む」という意味を表す）と呼ぶ。雲呑《ワンタン》の由来は、ダンプリングにかじりついたときに熱い具から出る湯気が雲のようだからとか、ふぞろいで白または半透明のダンプリングが雲に似ているからという説がある。

餃子《ジャオズ》の語源も、これとは少し経緯が異なるが、形に関係している。ある文献によると、張仲景《ちょうちゅうけい》（西暦１５０～２２０年）という中国医学の医師が考え出したとされている。張仲景は「傷寒雑病論《しょうかんざつびょうろん》」という医学書を書き残しており、病と闘う中国のあらゆる社会階級の人々を助けるのに心血を注ぎ、飢えをしのぐだけでなく、風邪や耳のしもやけを治すために、羊肉、コショウ、薬草などを使って自家製のスープを作った。スープには耳の形をしたダンプリングが入っていて、その耳に似たダンプリングのことを「ジャオズ」と呼んだ。ジャオズは「耳」を表す言葉と同じ語源から派生している。またほかに、角《つの》の形がジャオズの名前の由来だという説もある。中国語では角のことを「ジャオ」といい、ジャオには金塊や富の象徴という意味がある。

イタリア語の「ラヴィオリ（ravioli）」の語源を探しているときにも、同じように苦労した。

イタリアのトルテッリーニの形は、ルネサンス期のボルジア家出身のフェラーラ公妃ルクレツィア・ボルジアのへそからアイデアを得たと考えられている。

どれも信頼できる出典元であるのにもかかわらず、それぞれに書いてあることが違うのだ。ラヴィオリの語源は動詞の「ravvolgere（包む）」だという説、名詞の「rovogliolo（結び目）」だという説、中世ラテン語の「rabiola（小さなカブ）」だという説。どの説も、具入りのパスタの丸い形からその言葉が語源になったと考えたことは想像がつく。今述べた説のうちの3つめは、ジャコーモ・デヴォートが支持していた。デヴォートはイタリアの言語学者で、1963年から1972年までクルスカ学会［1583年に設立された、由緒あるイタリア語研究団体］の会長を務めた人物である。

ほかに、「ラヴィジョーロ（raviggiolo）」というチーズの名前に由来するという説もある。このチーズは以前はリコッタチーズの代わりに具として使われており、具の名前がいつのまにかダンプリングの名前を指すようになったことを物語っている。この解釈を支持したのは、ボローニャ大学の教授（在勤1969〜1996年）で、食物と栄養の社会史の専門家だったピエロ・カンポレージだ。

ほかに、イタリアのリグリア地方のラヴィオリとピエモンテ地方のアニョロッティ（agnolotti）［詰め物入りパスタ］も、その名前の由来についてたびたび議論にのぼる。それぞれの名前は、その形ではなく具に由来しているというものだ。というのも、リグリア地方の料理は緑色野菜とチーズが中心で、ピエモンテ地方の料理は肉と卵が中心だからである。この解釈は、クルスカ学会が1612年に刊行した、最初のイタリア語の辞書に載っているラヴィオリとアニョロッティの定義によって裏付けられている。

だが、アニョロッティという名前の語源は、ピエモンテ地方で初めて具材として使われた肉にちなんで「agnello（子羊）」だという説や、もともとの形が丸かったことにちなんで「anello（輪）」だという説もある。

それぞれの国で使われている言葉の語源がなんであれ、ダンプリングは、過去の社会や伝統への理解を深めるために歴史学者が使っている出典（商取引の契約書、年代記、手紙を含む）に、その名があげられ、時に絵で示されている。

◉中世イタリアのダンプリング

中世のイタリア半島のダンプリングは、とりわけ多くの歴史的文献に登場する。その文献に触れれば、いわゆる暗黒時代［ヨーロッパにおいては、西ローマ帝国滅亡後、ルネサンス前までの中世を指して暗黒時代ともいう］の日々の暮らしを通して、この有名な食べ物がどのように生まれ、どのように発展したかがわかるだろう。

イタリア北部の町ボルツァーノの近くのアッピアーノ城礼拝堂には、13世紀に描かれた有

アッピアーノ城礼拝堂で大きな鍋を使い、カネーデルリを作る召し使いを描いた13世紀のフレスコ画。

名な『ダンプリングを食べる人 *mangiatrice di canederli*』を描いたフレスコ画がある。このフレスコ画は、当時の南チロル地方の料理を知ることのできる最古の記録だ。壁を彩《いろど》る数々のフレスコ画はキリストとその使徒の生涯を遠近法以前のロマネスク様式で描いており、新約聖書の有名な場面を鮮やかな色使いでのびのびと描写していてすばらしい。

イエス誕生の場面は、マリアとヨセフがゆっくりと休んでいるそばで、生まれたばかりのキリストが飼い葉桶の中で眠っているようすが平面的に描かれている。ヨセフは、マリアの足元で、頬杖をつきながら夢見るような満ち足りた表情で椅子に腰かけている。マリアは、飼い葉桶とロバと雄牛に背を向けて横向きに寝ている。そして、家族のために料理を作りながらダンプリングを食べる召し使いを見つめている。金髪の召し使いは緑色のローブを着ており、赤々と燃える火にかけられた平鍋のそばにしゃがみ、大きなフォークに刺したおいしそうな丸いダンプリングの味見をしている。

このフレスコ画に描かれているダンプリングはカネーデルリといい、古くなったパンと牛乳に、ベーコン、ビーツ、フレッシュチーズ、ホウレンソウ、キノコ、果物、リコッタチーズ、砂糖などを加え大きなボール状に丸めたものであり、スープか湯でゆでて食べる。カネーデルリはドイツ、オーストリア、スイスでもよく見られるダンプリングで、クネーデルあるいはクロッセなどと呼ばれる。この礼拝堂を訪れる機会があれば、ぜひ近くの食堂《タヴァーン》に立ち寄ってみるといい。地元の料理が並んだメニューにはダンプリングもあるはずだ。

12～13世紀のラヴィオリの記録は数多くあり、イタリアのピエモンテ州の町ガーヴィは、わが町こそラヴィオリ発生の地だと主張している（同じ主張をしている町はほかにもある）。にぎやかなジェノヴァ港にほど近いガーヴィに住んでいたラヴィオロという一族がラヴィオリを初めて作り、一族の所有するロカンダ（イタリアの宿屋）で商人や旅人に広めたといわれている。この説を証拠づけるものがただひとつある。それは、一族の紋章がダンプリングの上に3つの星をあしらったものであるということだ。

ピーテル・ブリューゲル（父）『怠け者の天国（ザ・ランド・オブ・コーケイン）』（1567年、油彩、パネル）。コーケインは中世の物語に出てくる逸楽の国。

イタリア北部の都市パルマでは13世紀の終わり頃にラヴィオロスが食べられていた——フラ・サリンベーネ・ディ・アダム（1221頃〜1290年）は著書『編年史 *Cronica*』にそう記録している。この本はこの時代の歴史と伝統を知る重要な情報源である。

イタリアの修道士でもあり歴史家でもある彼は、1253年8月11日に亡くなったイタリアの聖人、クララ（サンタ・キアラ）の命日を記念して毎年開かれる祝典で、「ラヴィオロスという具入りのパスタとは違うもの」を食べたと述べている。また、パルマのラヴィオリは、ジェノヴァやイタリアのほかの町のラヴィオリより小さく、ラヴィオレン（ravi-olén／小さなラヴィオリ）と呼ばれている、とも書き残している。おそらくここで述べられているものが、のちにアノレン（anolén）になり、パルマやその周辺の地域から生まれた具入りのダンプリング、アノリーニ（anolini）の語源になったと考えられる。
ダンプリングの大きさについては、ミラノのアンブロジアーナ図書館で見つけた次の諷刺的な詩に要約されている（S.Q.O.VIII, 38）。

とても勇敢な若者が、幸運なことにラヴィオロ家に婿入りした。その若者はアノリーノ家の者で、チキンスープに目がなかった。ラヴィオロ家の義父とよく似て、くっきりと美しい顔立ちをしていたが、体は義父よりも華奢で〔アノリーノの皮が薄いことを指している〕、頭は義父よりもよかった〔アノリーノの具が肉であることを指している〕。とはいえ、体が小さかったので、ずっとアノリーノと呼ばれつづけた〔アノリーノは小さいから〕。

イタリア文学史における著名な作家で、ルネサンス期の人文主義の創始者とみなされているジョヴァンニ・ボッカッチョ（1313〜1375年）も、その最も有名な作品「デカメロン」でラヴィオリに言及している。
「デカメロン」は、黒死病〔ペスト〕の大流行から逃れるためナポリ郊外の屋敷にやってきた若い女7人と男3人の10人が、10日のあいだ、それぞれ10話ずつ語るという形式の全100話の寓話からなる中世の物語集である。

「デカメロン」の中でも有名な話のひとつ（第8日第3話）にラヴィオリが登場する。しょっちゅう悪いいたずらをしかけられているカランドリーノという単純な男が、あるとき仲間から、それを持っている者の姿を見えなくする力のある血宝石《エリトローピア》という石があると信じ込まされる。その石はベンゴーディという名の地方（英語ではコーケイン Cockaigne［逸楽の国］として知られている）にあるという。ベンゴーディは食べ物が豊富で、ブドウ園の枝は縄ではなくソーセージで縛ってある。粉チーズでできた小山もあり、その山の上には「マッケローニとラヴィオリを調理してチキンスープで煮る以外なにもしない人たち」がいる。おまけに、山のそばには一滴の水も混ざっていない極上のワインの川が流れている。

このように、豊富で多様な歴史的文献から、ラヴィオリやほかの具入りのダンプリングが、何世紀にもわたってイタリアの食の中で確固たる存在感を持っていたこと、世界的にはもっと有名なスパゲッティやラザーニャやマッケローニに代わる一品として、昔から食卓にのぼっていたことがわかる。

◉料理書の時代

印刷機の発明と教育の向上により、識字率はヨーロッパ全土で、続いてアメリカで飛躍的に向上した。中世においては数パーセントだった識字率が、19世紀には平均50パーセント以上になったのである。本はより手軽に入手できるものになり、料理書は家事や家計をやりくりする中流階級の女性の必需品となった。

19世紀の料理書は、手が込んで費用のかかるレシピだけでなく、ふだん家族に出す1週間分の献立、さらには1か月分の献立や、いつもの料理をより楽しく安く作るためのヒントなども提案するようになった。誰でも知っていて、シンプルで、しかも安上がりなダンプリングは、料理書の新しい取り組みにうってつけの食べ物だった。

1840年から1970年にかけてイギリスと北アメリカで出版された料理書には、ダンプリングのレシピが数多く載っている。1918年と1940年の料理書には、「ダンプリングを食べて戦争に勝とう」という記述が見られる。手軽に食べられるダンプリングは、和気あいあいとした家族の食事にぴったりのメニューだ。斬新さやとくに人目をひくところはないが、おいしくて、お腹がいっぱいになって、幸せな気分になれる。

ダンプリングというと、鋳鉄《ちゆうてつ》製のキャセロール鍋の重いふたを持ちあげたとたん、とろりとしたグレーヴィーソースがかかった肉と、そのまわりに浮くダンプリングが湯気を立てている場面が思いうかぶ、という人も多いだろう。硬くごつごつした肉と、そのまわりに浮かぶふわふわとしたダンプリングの質感の対比が、子供の頃の記憶や自分の成長の過程を思い出させてくれるのだ。

食物史の研究者であり作家でもあるアラン・デイヴィッドソンは、著書『オックスフォード版・食の手引き *The Oxford Companion to Food*』（１９９９年）の中でこう述べている。

> ダンプリングはあまりというか、まったく形式ばらない、シンプルな食べ物である。それゆえ、ヨーロッパや世界のさまざまな地域で農民の料理として独自に考案されてきたというのもうなずける。農民の料理は、スープかシチューに野菜と少量の肉が入っているというのが特徴だ。だが何世紀にもわたって実践されてきたように、そこにダンプリングを加えれば、簡単かつ経済的な方法でかさを増やすことができる。

◉イギリスのダンプリング

ロンドンの大英博物館の版画と線描画部門には、18～19世紀の日常生活のダンプリングを

Diddle Diddle Diddle Dumplens ho.

ルイス・フィリップ・ボイタード（活動期間1738～63年）流のエッチング画。「ディドゥル・ディドゥル・ディドゥル・ダンプリング・ホー」と大声をあげながら、ダンプリングを売る女が描かれている。『ロンドンの喧騒』の後期のシリーズより。

1839年頃の諷刺画。バラッド売りの男が、店のガラス窓の向こうのダンプリングを物欲しそうに見つめている。

描いた版画が数多くある。例をあげると、『ロンドンの日々の喧騒を描いた絵 *The Cryes of the City of London Drawne After the Life*』（1750～1821年）［呼び売り商人が売り歩いた物語、俗謡などの小冊子］に出てくる「ディドゥル・ディドゥル・ダンプリング・ホー Diddle diddle dumplens ho」には、ケープとエプロンと帽子を身につけ、左の脇に樽を抱えて右手に杖を持ったダンプリング売りの女が、通りがかりの人の気を引こうと声を張りあげている場面が描かれている。

また、1839年のリトグラフでは、バラッド［民間伝承の物語詩］売りの男が、店の窓ガラスの向こうの皿に高く積まれたダンプリングを物欲しそうに見つめてこういっている。「花が開くのを止めてみせよう……地球がまわるのを止めてみせよう……波が寄せては引くのを止めてみせよう……ああ、こんなにダンプリングが好きでなかったらよかったのに」

大英博物館所蔵の全12巻からなる『政治諷刺と個人諷刺の目録 *Catalogue of Political and Personal Satires*』（1870～1954年）には、トマス・ローランドソン作『パフペースト *Puff Paste*』（1810年）［パイ、タルトなどの軽く薄い皮を作るため生地］というタイトルの、手で色付けしたエッチング画があり、ふたりの醜い人物――不細工な下僕と太った料理人――がアップルダンプリング［リンゴをパイ生地で包んで焼いたデザート］を作りながらいちゃついている姿が描かれている。ふたりのそばにあるテーブルには料理用の細長い青リンゴと袋に入っ

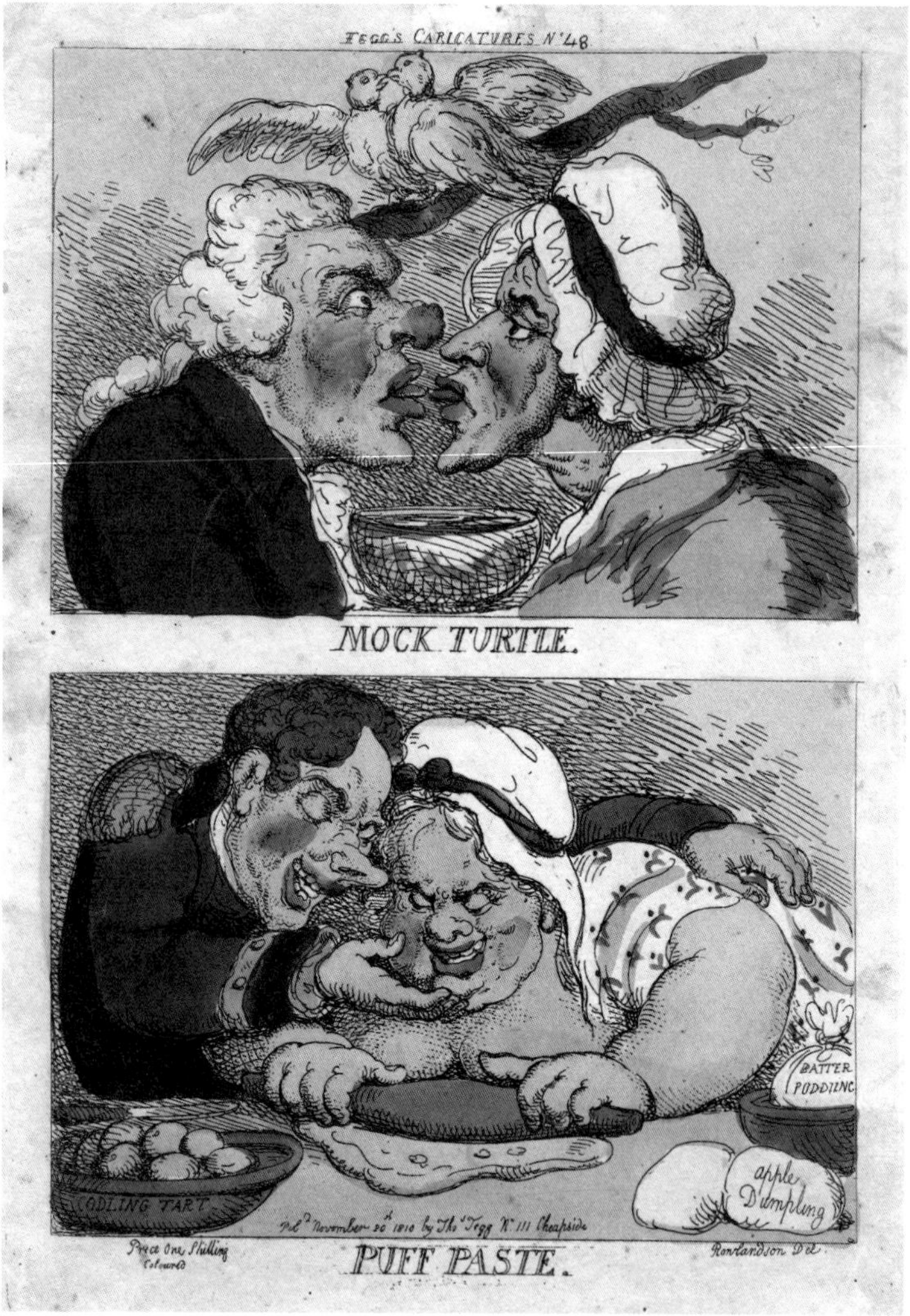

トマス・ローランドソンによる諷刺画（1810年）。下僕と料理人が、アップルダンプリング用にパフペーストを作っている。

たバタープディングが置いてある。

また、この目録にはジェイムズ・ギルレイ作『気取らない食べ物、別名ノーフォークダンプリング *A Natural Crop alias a Norfolk Dumpling*』(1791年)というタイトルの連作の諷刺画もある。プラムのように丸まるとした腹をしたノーフォーク公爵を描いた絵だ。公爵は猟騎用長靴を履き、髪を短く刈り込んだ頭に中折れ棒をかぶり、紋章院《もんしょういん》総裁[ノーフォーク公爵家の世襲職]であることを示す警棒を握りしめている。

ノーフォーク州は、ダンプリングととても関係が深い。ギルレイの諷刺画は、「ノーフォークダンプリング」という言葉を使うことでノーフォーク公爵をからかっているのである[ダンプリングには「太った人」という意味もある]。フローティング(floating)ダンプリングの名でも知られるノーフォークダンプリングは、ヨークシャープディングと同じく肉に添えて出されるもので、もともとは安くて腹がふくれる食べ物を添えて、ボリュームの少ない料理のかさを増やす目的で作られた。

ノーフォーク州の海岸がリゾート地として人気が出るようになると、宿屋ではダンプリングをひんぱんに出すようになった。比較的安く作ることができ、腹持ちがよいからである。ノーフォークダンプリングは軽くてふわふわしているので、スープやシチューに入れて煮込む際は表面に浮かび、スエット[牛または羊の腎臓のまわりの脂肪]を含んでいない。

手で色付けしたノーフォーク公爵の肖像画。「ノーフォークのダンプリング」という諷刺漫画。ジェイムズ・ギルレイ作（1791年）。

フローティングダンプリングは軽くてふわふわしているので、スープやシチューに入れて煮込んでいるあいだ表面に浮かんでおり、スエットを含んでいない。

ヴィクトリア女王直属の料理長を務めたチャールズ・エルミー・フランカテリの『労働者階級向けの簡易料理書 *A Plain Cookery Book for the Working Classes*』（1852年）には、ダンプリングのレシピが数多く載っている。その52番目のレシピがノーフォークダンプリングで、「子供が大勢いる大家族の夕食によい。不足する肉を補えるすぐれた食べ物」と説明がある。

フランカテリがこの本を書いた目的が「最小の費用で最大の栄養を得るために日々どのように料理するのか示すこと」であることを考えれば、ダンプリングのレシピを少なくとも6つは見つけたのは驚くにはあたらない。いくつか例をあげると、牛肉と一緒に煮込むスエットダンプリングのほか、ライスダンプリング、アップルダンプリング、イーストダンプリングなどがある。イーストダンプリングを作る材料は「小麦粉2ポンド、半ペニー銅貨分のイースト、塩ひとつまみ、牛乳、または水1パイント［約0・57リットル］」で、作り方は「鍋で30分じっくりと煮込み、バターや肉汁、塩や砂糖を添えて冷めないうちに食べる」とある。

イングランド東部のサフォーク州では昔も今もダンプリングがよく食べられている。この地ではダンプリングにイーストなどの膨張剤は加えない。イングランド南西部のコッツウォルド丘陵では、スエット、チーズ、パン粉を加える。スコットランドには伝統的なクルーティダンプリングがある。このダンプリングは蒸したプディングのようなもので、サルタナ［レーズンの一種］や果物などを加え、カスタードを添える。

ヴィクトリア朝の作家イザベラ・ビートンの『ビートン夫人の家政読本 *Book of Household Management*』（1861年）は、育児、礼儀作法、もてなし、使用人の雇用法を含めた家事全般の手引書である。デザート用のものを含めると、ダンプリングのレシピは全部で8つある。サセックスダンプリング（ハードダンプリング）、イーストダンプリング、マロウダンプリングは、肉やグレーヴィーソースと一緒にスープで煮て食べる。また、アップルダンプリングやカラント［レーズンの一種］ダンプリング、レモンダンプリングは、丸く形を整えてそのまま沸騰した湯に入れるか、またはメリヤス編みで編んだ目の粗い綿に包んで熱湯でゆで、粉砂糖をふり、バターやワインソースを添えてデザートとして提供される。材料のリストの記載から始まるレシピ（のちに、この書き方が料理書の基本となる）は、どれも比較的わかりやすく、いくつかのレシピは年月を越えて使われつづけている。

ヴィクトリア朝のイギリス、とくにサフォーク州でダンプリングが人々の生活にどれほど浸透していたかは、シーラ・ハーディの『ダンプリングに盛られたヒ素――サフォーク州の歴史に残る中毒の病例集 *Arsenic in the Dumplings: A Casebook of Historic Poisonings in Suffolk*』（２０１０年）を読めばよくわかる。この本には、ダンプリングを含む家庭料理を使って実行された、複数の女性による背筋が冷たくなるようなヒ素による殺人の数々が紹介されている。

19世紀前半まで、ヒ素は薬局で誰でも安く入手できるものだったが、１８５１年にヒ素販売規制法が導入され、ヒ素購入者の記録を残さなければならなくなった。また、白いヒ素の粉が砂糖や小麦粉と間違えられたり偽装されたりしないよう、ヒ素に色を付けることも義務付けられた。１８４０年代に生命保険業が発達すると、家族のためにわずかな収入を保険金で補おうと追い詰められた親がわが子に毒を盛るという、おぞましい事件が起こるようになった。

イギリスの料理人でテレビ司会者でもあるディーリア・スミスは１９７１年に初の料理書を刊行したのを皮切りに、ダンプリング料理のレシピ本を数多く出版している。ただし、

1970年代には人気のあったダンプリングも、30年もするとあまり顧みられなくなる。簡単に入手できるようになった目新しいさまざまな種類のライス、パスタ、パンの人気に押されてしまったからだ。

だが、シンプルで栄養のある食べ物にふたたび目を向けはじめた現在のイギリスのシェフたちが伝統的なダンプリングのレシピに立ちもどり、これは作ってみたいと多くの人が思うような興味深いレシピを次々と生み出してくれている。たとえば、独特なスタイルが特徴のジェイミー・オリヴァーの料理には「あなた好みのやわらかいウサギ肉のシチュー、極上のダンプリング添え」という名前のものがあるし、著書『ジェイミーの15分でできる料理 *Jamie's 15 - Minute Meals*』（2012年）では「アジアンチキン、ココナッツダンプリング添え」を紹介している。ヘストン・ブルーメンタールの「四川風スープ、ダックダンプリング添え」や、ゲーリー・ローズの「カレー味のカニとダンプリング」は辛くてとてもおいしい。

マーコ・ピエール・ホワイトは「鹿肉のワイン煮」に添えるダンプリングを作るのにブリオッシュ［バター、卵入りの甘くて軽いパン］を、レイチェル・クーは「ブルゴーニュ風牛ワイン煮込み」に添えるダンプリングを作るのにバゲット［細長いフランスパン］を勧めている。ゴードン・ラムジーとジェイムズ・マーティンは、伝統的なチキンキャセロールやシチューにコリアンダー入りのダンプリングを添えている。

そしてナイジェラ・ローソンには「チキンスープ、マッツァボール［パン種を入れずに焼いたパン粉で作ったユダヤの団子］添え」というレシピがあるが、そのレシピには、「丸鶏の腹に固まっている脂肪の塊を取り出しましょう」と鶏肉の脂肪の取り方まで書いてある。

◉アメリカのダンプリング

アメリカでよく知られるダンプリング料理は、「鶏肉のダンプリング添え」と「煮込みアップルダンプリング」である。最近では、煮込んだアップルダンプリングよりも、焼いたアップルダンプリング（本書では扱っていない）のほうがよく作られている。「鶏肉のダンプリング添え」のダンプリングは、サイズは小さなものから大きなものまで、食感はイーストが使われているかいないかにより、歯ごたえのあるものからふわふわしたものまでさまざまだ。チキンスープに鶏肉と野菜と一緒にダンプリングを入れて煮込むとスープにとろみが出て冷めにくく、冬の夕食にぴったりのメニューになる。

ニューヨーク・カリナリー・アカデミー・オブ・デザインの創設者にして、自称「美食学の教授」であるピエール・ブラットは、著書『淑女、プロの料理人のための役に立つ料理法の手引き――人類の食の技術とわざ *Hand-book of Practical Cookery, for Ladies and Professional Cooks:*

Containing the Whole Science and Art of Preparing Human Food』（１８６８年）で、煮込んだアップルダンプリングのレシピをふたつ紹介している。そのうちのひとつは次のようなものである。

リンゴの皮をむき（リンゴはダンプリング1個あたり4分の1個）、芯を取って細かくきざむ。牛肉のスエットと混ぜてパフペースト［パイ、タルトなどの軽く薄い皮を作るため生地］に包み、火が通るまで煮る。砂糖あるいはリンゴソース（ワインソースでも可）を添え、あたたかいうちに食べる。プディング用のソースを添えてもよい。

この本には、さっぱりした味のフルーツダンプリングと、ハーブダンプリングのレシピも載っている。ハーブダンプリングの作り方は以下の通り。「数種類のマイルドなハーブ（すぐに手に入るもので可。量は均等がよい）ひとつかみ分を洗ってみじん切りにし、生地に混ぜる。ハーブの量をなるべく多くし、生地が濃い緑になるようにすると美しい」

アメリカの伝統的な料理については、『ホワイトハウスの料理の手引書 *The White House Cook Book*』（１８８７年）という有名な本がある。F・L・ジレット夫人と、ホワイトハウスの執事を務めたヒューゴー・ジーマンによるこの本には、13のダンプリングのレシピが載っている。スープのための卵ダンプリング、スープのためのスエットダンプリング、ラム肉のシチューや豚肉のポットパイ〔肉団子入りのシチュー〕に浮き身として入れるダンプリング、スエットのパフペースト（フルーツダンプリングや煮込み用のダンプリングにぴったり）、煮込みアップルダンプリング、カスタードを添えた煮込みライスダンプリング、別のスエットダンプリングのレシピふたつ、保存用のダンプリング、オックスフォードダンプリング（卵ぐらいの大きさでワインソースを添えて出す）、レモンダンプリングなどである。

食の専門家であるC・ヒューストン・ガウディスと、ニューヨークのスクール・オブ・モダン・クカリーの校長アルバータ・M・ガウディスは、著書『戦争に勝つための食べ物とその調理法 *In Foods that Will Win the War and How to Cook Them*』（1918年）の中で、腹持ちのよい家庭用夕食のメニューとして、ダンプリングを次のようなものに添えて出すのを勧めている。チキンフリカッセ〔鶏肉をホワイトソースで煮込んだ料理〕、焼いたカボチャ、エンドウ豆、クランベリージェリー、大麦のマフィン、ミンスパイ〔ドライフルーツなどから作ったミンスミートを詰めたパイ〕。また、「ダンプリングは、ホミニー〔外皮を取って引き割りにしたトウモロコシ〕やライスなどと一緒にシチューに入れることにより、肉の味を引き立てる」とも書いている。

◉イタリアのダンプリング

イタリアの図書館に行くと、料理書が棚からあふれんばかりに並んでいることが多い。そうした料理書のカード目録やそれぞれの本の索引を見ると、ふたつのことがわかる。まず、ダンプリングのレシピは数多くあること、そして、ダンプリングはイタリアのほかの特産品と同じく、地域の独自性がそれぞれの名前、形、材料に色濃く出ていることである。

このような地域の独自性を理解してもらうため、よく知られたラヴィオリやトルテッリーニに加えて、次のようなダンプリングとその地域の名前を紹介しよう。アニョロッティ（ピエモンテ）、カッペレッティ（モデナ）、パンソッティ（リグリア）、カラメッッレ（ピアチェンツア、キャンディの形をしている）、アノリーニ（パルマ）、アニョーリ（ロンバルディア）、カゾンチェッリ（ブレシア）、マルビーニ（クレモナ）、ペガイ（パルマ）、トルデッリ（ルッカ）、カッペラッチ（フェラーラ）、ラヴァイオリ（イルピニア）、パンツェロッティ（ナポリ）、カルツォンチェッリ（プーリア）、クリンジョーニスまたはクルルジョーネス（サルディーニャ）、チャルツォンス（カルニア）。それに、ファッツォレッティ、トルテッリ、トルテッローニ、ファゴッティ、ファゴッティーニ。このように、イタリア各地には驚くほどたくさんのダンプリングがある（中国にもこれに匹敵するくらい多くのダンプリングがある）。

イタリアのパスタショップに並ぶ作り立てのダンプリング

今述べたリストの中のアニョロッティは、肉を詰めたものと野菜を詰めたものの両方があり、地元の名物料理を紹介した本『ピエモンテの料理 *La Cuciniera Piemontese*』（1771年）にも数多くのレシピが載っている。ピエモンテ州ヴェルチェリで匿名の作家により出版されたこの本には、1824年から1853年までイタリアの王族サヴォイア家のシェフ兼パティシエを務めたジョヴァンニ・ヴィアラーディのレシピが満載だ。

ダンプリングを取りあげている本を続けて紹介しよう。『マッケローニの歴史 *La Storia dei maccheroni*』（1948年）の中で、その著者アルベルト・コンシーニョは、「ラヴィオリは、薄い四角い生地に肉、サラミ、フレッシュチーズなどをはさんでいたが、のちに、甘い具もはさむようになった」と述べている。

『パルマの美食学 *Gastronomia Parmense*』（1952年）で、著者フェルッチオ・ボッチィは「マエストロ・プロシュット」（ハムの巨匠）というペンネームで、パルマの代表的なダンプリングのレシピに番号をつけて数多く紹介している。レシピ番号1／アノリーニ――「調理に少し時間がかかる」。レシピ番号3／アノリーニ――「牛肉の代わりに子牛の肉か鶏肉を具として使った軽いダンプリング。ダイエット食を必要とする人に向いている」。レシピ番号4／パスティッチョ・ディ・アノリーニ――「ダンプリングを詰めたパイ」。レシピ番号5－1／トルテッリ・アリ・エルベッテ――「葉物野菜を詰めたダンプリング」。レシピ番号5－2／トルテッリ・アラ・パルミジャーナ――「トマトソースを添えて」。レシピ番号20／トルテッリ・ディ・ツッカ――「カボチャを詰める」。レシピ番号21／トルテッリ・ディ・パターテ――「ジャガイモを詰める」。レシピ番号59／トルテッリ・ドルチ――「甘いダンプリング」。レシピ番号114／トルテッリーニ・ディ・ピッチョーネ――「鳩肉を詰める」。どれも今でも現役のレシピであり、イタリアでは、たとえば外食したときなどに、具を肉、野菜、チーズなどの中から選ぶのはふつうのことだ。

ペッレグリーノ・アルトゥーズィの著書『厨房の知識と食の芸術 *La Scienza in cucina e l'arte di mangiar bene*』（１８９１年）を紹介せずにイタリアの食について完璧に語ることなど不可能だ。今でも広く読まれているこの本は、もともとは著者の自費出版だったものの、20世紀に入るとイタリアのどの家の台所にもあるベストセラーとなった。スープ、前菜、メインディッシュ、デザートを含む７９０ものレシピが集められており、本書について著者は、「実用的なマニュアル本。必要なのはレードル［おたま］を握る能力だけ」と述べている。

どのレシピにもちょっとしたエピソードや著者のコメントが添えられており、アルトゥーズィは、イタリアの料理書としては初めて、料理に関する多くの地域的な言いまわしをイタリア全土で通じる表現に整えた。レシピ番号97は「裸のラヴィオリ」［具だけで生地がないのでこう呼ぶ］として知られる、イタリア北部のマルファッティ（「ぶかっこうな」という意味）。マルファッティは、リコッタチーズ、ホウレンソウ、卵、パルメザンチーズ、ナツメグを混ぜて小さな円柱状に形を整え、小麦粉をまぶしてゆでたものだ。レシピ番号55はトルテッリで、１９７０年版の注釈には、「昔はパスタ生地を使わないラヴィオリも存在したようだ」とある。

イタリアの有名なヴァイオリン奏者にして作曲家のニコロ・パガニーニも、１８４０年（パガニーニはこの年に亡くなる）にラヴィオリのレシピを書き残している。作り方は、卵を加えない小麦粉だけの生地に、牛肉、子牛の脳、ソーセージ、緑色野菜、卵、チーズを混ぜたものを包み、牛肉とマッシュルームとトマトのソースを添える。また、パガニーニが1838年に友人ルイージ・ジェルミに宛てた手紙には、「ぼくはいつでも――断食の時期かどうかにかかわらず――きみの家の食卓でよくいただくおいしいラヴィオリのことを考えるだけでよだれが出てしまう」とある。

こうやって調べていくと、すべてのイタリア料理の本にダンプリングのレシピが少なくとも2、3種類は載っているように思えてくる。だが、家庭で一《いち》からダンプリングを作ることが減っている今、これからもそうであるかはわからない。今はたいていの人は、プロが作ったパスタが並ぶパスタショップや、スーパーマーケットで売られている半調理済みのダンプリングを買っている。

●アフリカのダンプリング

現代のアフリカ料理について書いた本を見ると、サブサハラアフリカ［サハラ砂漠以南のアフリカ］の伝統的なレシピが、現代ではどのような様相を見せているのかがわかって興味深い。作る時間を短縮するために、調理を簡単にするさまざまな食材が提案されている。ダンプリングを含め、もう一から料理をする時代ではないのかもしれない。事実、こうした事情を反

ヤムイモとキャッサヴァのようなアフリカの主要産物から作ったダンプリング。左はピーナッツスープ。

映していると思われるダンプリングのレシピが、こうした本にはいくつも載っている。フウフウ、ウガリ、ンゼマ、ケンキーその他がそうした例であり、これらは今のアフリカの食事の主流と言ってよい。

ドーリンダ・ハフナーの著書『アフリカの味――現代の料理に生かす伝統的なアフリカのレシピ100 *A Taste of Africa: With Over 100 Traditional African Recipes Adapted for the Modern Cook*』（1993年）にはさまざまなレシピが紹介されており、ダンプリングの盛り付け方について次のように述べている。

鶏肉の入ったグラウンドナッツ（ピーナッツ）スープは、フウフウやアカンダンプリング――ヤムイモ、サトイモ（タロイモ）、オオバコ、キャッサヴァ、加工したジャガイモのフレークで作る——を添えて出す。フウフウは、スープの海に浮かぶ島のように皿に置き、その上に肉と魚を散らすこと。

アフリカのダンプリングはこってりしていてやや胃にもたれるのだが、ジンバブエの郷土料理サザについてよく言われる言葉「サザが〔体に〕入るためには、いつもソースに助けてもらわなければならない」は、それをうまく言い表している。

世界各地にあるダンプリングのさまざまな名前の中には、語源がはっきりしないものも多い。だが、活発に議論したり、ダンプリングに関する豊富な歴史的文献や評論を調べたりすることにより、ダンプリングが何世紀にもわたり、それぞれの地域の食生活でいかに重要な地位を占めてきたかがわかる。ダンプリングの作り方や食べ方を載せた料理書は世界中に山ほどある。そしてダンプリングは多くの国の郷土料理のリストの上位に、時にはトップについているのである。

第4章 ◉ 祝いの料理にしてストリートフード

ポーランドの伝統的なクリスマスのコース料理の1品目は、湯気の立つダンプリングの入ったボルシチで、イタリアのクリスマスのコース料理の1品目は、たいていは、すりおろしたチーズで覆った、おいしくて心あたたまる手作りのダンプリングの入ったスープである。また、ダンプリングはユダヤの祝祭を飾る料理であり、中国でも「福をもたらす食べ物」として旧正月の祝いの場に出される。ダンプリングが手作りから工場製へと移行するのに伴い、世界中の多忙な共働き夫婦や独身者の選択肢として、簡単に作れる半調理済みのダンプリングが生まれた。

この章では、ダンプリングが特別な祝いの場の一品としてどのように調理され、食卓に出されているか、また、さまざまな国の学校や社員食堂、屋台に並ぶダンプリングが、日常的

中国の屋台で売られている、湯気の立つ包子。

な食べ物としてどのような役割を果たしているかを探っていく。

◉ブリヤートとモンゴルの祝いのダンプリング

モンゴルの大草原を旅しながら遊牧民一家（あるいはロシア連邦のブリヤート共和国の家庭）を訪れる客は、あたたかいお茶と乳製品、そして皿いっぱいの蒸したダンプリングでもてなされる。本書を執筆するため、私はシベリア横断鉄道でイルクーツクに向かった。そしてバスに乗り替え、バイカル湖畔にある歴史的な町リストヴャンカに着いた。漁師の家族と一緒に数日を過ごし、ヒグマに警戒しながら森の散歩を楽しんだ。

ある夜のこと、村の長老の家に招かれた。伝統的なシャーマニズムの儀式に則《のっと》って客をもてなしたいという。木造の家はあたたかくて居心地がよかった。部屋には色とりどりのラグやクッションがあり、シンプルな木製のテーブルは白いテーブルクロスで覆われている。1品目の料理は、どれも白いもの（スライスしたフレッシュチーズ、カテージチーズ、タマネギ、牛乳で煮たライス）ばかりだった。シャーマンが行なう伝統的な儀式の習わしに従っているのだ。2品目は、ひだのある手の込んだダンプリング。丸いダンプリングのてっぺんには穴が開いていて、そこから湯気が立ちのぼっている。具は大量の黒コショウで味付けしたジューシーなヤクのひき肉だ。このダンプリングを作るのは簡単ではない。生地の中央に具を載せ、生地の端をつまんで小さなひだを順々に作って口を閉じながら、丸い形に整える。このとき、完全には口を閉じずに、蒸気を逃がすための小さな穴をてっぺんに開けておく。薫製にした魚、サラダ、塩漬けの野菜もごちそうになった。最後に、色鮮やかな伝統衣装と、揺れると涼やかな音のする金色の丈高の頭飾りを身に着けた女性たちが宴に加わり、古くから伝わる民族歌謡を歌ったり、自然の力や愛の力について詠んだ詩を朗誦《ろうしょう》したりしてくれた。

ブリヤートの料理ととてもよく似ているものにモンゴルの料理がある。モンゴルのダンプリングは調理法の違いにより、3つの名前がつけられている。蒸すものはボーズ、煮込むものはバンシ、焼くものはホーショールである。どれも首都ウランバートルのたいていのカフェや軽食堂で食べることができるが、ツァガーン・サルというモンゴルやブリヤートの旧正月の祝いの席で出される行事食でもある。田舎のほうでは、これらのダンプリングを大量に作って氷点下の戸外で冷凍保存し、食事や来客——予期する客でも、予期せぬ客でも——に備えて、熱湯でゆでるだけの状態にしておく。

◉東ヨーロッパとロシアの祝いのダンプリング

ポーランドのクリスマスの晩餐では、ダンプリングは、伝統的なメインディッシュのコイの料理の前に出される。ポーランドでは、ウィギリア（クリスマスイヴ）の夜は肉類を控えて魚や野菜の料理で祝う。テーブルは乳飲み子イエスの飼い葉桶を思い起こさせる麦わらや干し草で飾られ、オプワテックという聖体のウエハースがきれいな陶磁器の皿の上に置かれている。また、急な客が来てもだいじょうぶなようにと、ひとり分余計に皿が用意してある。

日が沈み、ろうそくに火が灯されると、ウエハースをちぎって互いに少しずつ交換し分け合う。それが終わるといよいよ晩餐だ。キリストと十二使徒を表す13のメインディッシュが並ぶのが一般的で、食材は、森（キノコ）、野（穀物）、果樹園（果物）、海または湖（魚）のものを使う。人気の料理は、小さなダンプリング（ウシュカ）の入ったボルシチのほかに、コイのゼリー寄せ、ニシン、魚のパン粉焼き、キャベツ、大きなダンプリング（ピエロギ）で、そのあとに、フルーツコンポート、ナッツ、ケシの実のロールケーキ、ジンジャーブレッドなどのデザートが続く。

ロシアやウクライナでも、同じようにしてクリスマスを祝う。手作りのダンプリングのペリメニとワレーニキがそれぞれスープに入って出され、そのあとに、たくさんの祝祭の料理

ボルシチ（奥／ビーツのスープ）、ガーキン［左／小さなキュウリ］と一緒に食卓に並べられたペリメニ。東ヨーロッパの昔ながらの食卓の風景。

が続くのだ。

物語集『ディカーニカ近郷夜話《きんごうやわ》』［原書刊行は1831～32年。ニコライ・ゴーゴリ著／平井肇訳／岩波文庫］の「降誕祭《こうたんさい》の前夜」はクリスマスイヴが舞台となっている。ワクーラという名の鍛冶屋が、闇夜や吹雪をものともせず、愛するオクサーナに会いにいく。ロシアの言い伝えによると、クリスマスイヴの夜は、精霊や魔女や悪魔が自由にさまよい大混乱を引き起こす危険な時間帯だという。あるときワクーラは、地元の教会の壁に、逃げまわる醜い悪魔の絵を描いた。そのことに腹を立てた悪魔は、ワクーラが太鼓腹の魔法使いプザートゥイ・パッュークに会いにいくよう仕向ける。ふたりの出会いの場面では、ワレーニキが鉢から飛び出て、サワークリームの入った鉢に落ちたかと思うとぴょんと上へ飛びあがり、まっすぐに腹を空かせたひげ面のプザートゥイ・パッュークの口へ入っていく。

吹雪の深い森の奥を舞台として描いたこの物語は、冬のロシアの田舎の風景を丁寧に描写しており、物語に登場する食べ物——魔法のワレーニキのほかに、コサックポテト、パンとサワークリームを添えたウクライナのボルシチ、ハチミツのかかったパンケーキ——も、同じく正確に描写されている。古くからの風習の多くは今や消えつつあるが、クリスマスイヴの晩餐には、ダンプリングを添えたボルシチ、ロールキャベツ、プディングを出すというような、まだ残っている風習もある。

◉イタリアの祝いのダンプリング

イタリアでは、クリスマスの正餐は12月24日の夜か、翌25日の昼に楽しむ。ミサからもどり、クリスマスツリーの下かキリスト降誕の彫刻のそばでプレゼントを交換すると、食べたり、おしゃべりしたりしながら、陽気な気分で数時間を過ごす。

イタリアの伝統的なクリスマス料理の一品目して出されるトルテッリーニの入ったスープ。

前菜は、手作りの酢漬けの野菜と、サラミ、ハムなどの加工肉の取り合わせのことが多い。コースの1品目はスープに入ったトルテッリーニかラヴィオリで、そのあとに、ローストした子牛の肉や詰め物をした鶏肉や魚、たっぷりの野菜が続く。デザートは地域によってさまざまだが、パネットーネ［果物の砂糖漬けなどを入れたケーキのようなパン］やアイスクリームなどがいちばんよく食べられているだろう。クリスマス料理で出されるダンプリングは、2日前から家族の女性たちが準備する。

クリスマスのほかに手作りのダンプリングを楽しめる特別な機会は、11月1日の諸聖人の祝日［天国の諸聖人を祭るキリスト教の祝日」であろう。この日は、家族そろって墓地へ行ったあと、食事と会話を楽しみながら故人を偲ぶ。

◉アシュケナジ系ユダヤ人の祝いのダンプリング

フランス、ドイツ、ロシア及び東ヨーロッパに定住したアシュケナジ系ユダヤ人の多くの家庭では、過ぎ越しの祭り［古代ヘブライ人のエジプトからの解放を祝うユダヤ人の祝祭］のときに食べるダンプリングはクネイデルである。また、ヨーム・キップール［15ページの訳注参照］の断食の直前や、仮庵《かりいお》の祭り［ユダヤ人の祖先が荒野を放浪したことを記念する秋祭り］の7日目、プリム祭り［皆殺しの計略から救われたことを祝うユダヤ人の春の例祭］などのユダヤの祝祭で伝統的に食べられるのは、ひき肉やマッシュポテトを詰めたクレプラハである。

前述のクローディア・ローデン著『ユダヤの料理』でも、アシュケナジのレシピが紹介されている。例をあげると、ひき肉や鶏肉を詰めたクレプラハは「コースの1品目のパスタとして、グレーヴィーソースを添えて出されることがある」、チーズクレプラハは「日々の食事の前菜、または主菜として出される」、というぐあいである。同書にはフルーツの入ったワレーニキのレシピも紹介されており、「プラムとアプリコットのラヴィオリと同じく、乳製品ととてもよく合うので、サワークリームやバターを添えるとよい」という説明がある。
セファルディ［スペイン・ポルトガル系のユダヤ人］のレシピでは、カボチャのラヴィオリが紹介されている。ローデンによると、セファルディ系ユダヤ人は、カボチャがアメリカ大陸からイタリアに持ち込まれて以来この野菜に親しんでいるが、それはもともとスペイン人やポルトガル人との結びつきを通して、その前からカボチャのことを知っていたからだ。リシュタ・ワ・カルソーネス（タリアテッレ［平たく細長いパスタ］とチーズを詰めた大きなラヴィオリ）のレシピはおそらく、16世紀の初めにイタリア系ユダヤ人が南ヨーロッパから追放されて東へ集団移動したときにシリアとエジプトに持ち込んだものだろう。

ドイツ南西部のマウルタッシェン（マウルは「口《くち》」、タッシェンは「袋」という意味）は、もともとは、復活祭［キリストの復活を祝う祝日］の前の期間に食べられていたが、今では多くの店で半調理済みのものを1年中手に入れることができる。マウルタッシェンはイタリアのラヴィオリを少し大きくしたような形をしており、具には、ひき肉、ホウレンソウ、パン粉、タマネギ、香辛料などが使われる。もともとは、肉を食べてはいけない四旬節《しじゅんせつ》［復活祭の準備として行なわれる断食と改悛《かいしゅん》の期間］に、どうしても肉を食べたかった修道士が、肉を生地の中に隠せば見つからないだろうと考えて作り出したといわれている。マウルタッシェンは別名「ヘーゴッペシャイザーレ」といい、意味は「神を欺く小さいもの」である。

生のワンタンの皮は、今や世界中のアジア食材店で手に入れられる。

◉中国の祝いのダンプリング

中国の伝統的な行事の中で、最も色彩に富み、入念に準備されるのは、旧正月である。ほかの多くの国と同じく、中国の旧正月でも家族や友人が集まり、過去を振り返って未来に思いを馳せる。旧正月は旧暦の新月の最初の日と決まっているので、毎年同じ日に行なわれるわけではない。準備は家の掃除と飾り付けから始まる。飾りの中には福を呼ぶメッセージと簡略化された果物と花の絵が描かれた掛け軸もある。

灶神《ザオシエン》という中国のかまどの神様は、その年の終わりに数日間家を離れ、その家の1年間の行ないを玉皇《ぎょくこう》大帝（道教

スープに入ったワンタン。中国では大晦日にダンプリングを食べると幸運がもたらされると信じられている。

諸神の最高神）に報告しにいく。手作りのダンプリングを含め、すべての食べ物は新しい年が始まる前に用意され、年が明けたら家族が集まり、子供たちはお金の入った魔除けの効果のある紅包《ホンバオ》と呼ばれる赤い封筒をもらう。約2週間にわたる旧正月の祝いの最後は、たくさんの提灯が灯される中を踊る龍とともに行進し、締めくくる。

中国には、旧正月に餃子《ジャオズ》を食べる風習がある。「餃子の皮が富を包み、それを食べることで金持ちになる」という言い伝えがあるからだ。こうした理由のため、結婚式などのほかの祝いの場でも餃子が出されるが、ゆで汁から取り出すときに皮が破れてしまうと、幸運を逃がすといわれている。

餃子が幸運をもたらすと考えられる理由は、その形も関係しているらしい。餃子の形が古代中国で作られていた金塊や銀塊に似ていたからだ。

キャサリン・リャン・チュー著『魔法の餃子 *The Magical Dumplings*』（2008年）に収められた民話は次のような話である。あるとき、おばあさん（中国の標準語マンダリンでは奶奶《ナイナイ》）が旧正月を祝うために台所で餃子を作りながらこう言った。「餃子の色と形は銀の錠《ディン》（銀塊）に似ているわ。餃子を食べると新しい年に幸運がもたらされるのよ」。盆の上には、おじいさん（マンダリンでは爺爺《イエイエ》）とふたりでつましく暮らすには十分な量の、雪のように白い餃子が並び、あとはもう鍋に入れてゆでるだけになっている。そこへ、寒さに凍える、白いあごひげを生やした年老いた男がどこからともなく現れ、おじいさんとおばあさんは、この男を家に招き入れた。中国の習わしでは、客は大皿に盛られた料理を自分で好きなだけ取ることになっている。腹を空かせたおじいさんとおばあさんが驚き、そして途方にくれたことに、男は皿の上の餃子をぜんぶひとりで食べてしまうと、もっとないかと尋ねた。少し残っていた餃子がふたたび出されると、男は魔法を使って食べきれないほどの食べ物を出した。そして雪の中にすっと消えてしまい、あとにはキツネの足跡だけが残っていた。キツネが貧しい老人に化けておじいさんとおばあさんを訪れ、新年の幸福をもたらしたという話だ。

◉日本の祝いのダンプリング

「花見」とは、「美しい花を愛でる」日本に古くからある風習だ。とくに桜が咲く頃にはなくてはならない行事なので、早春には桜の開花予想が毎日ニュースで流れる。花見の風習は8世紀に貴族のあいだで始まったが、次第に庶民も楽しむ娯楽となった。桜の下を散策して味わった感動を詠んだ歌は数多くあるし、白やピンクの花で染まった木の下でする宴会は、きれいな色に目が癒やされ楽しい。

とはいえ、日本には「花より団子」ということわざもある。美しい花を観賞するよりも飲み食いに夢中になることを指す。花見団子は、串にピンク、白、草色の団子を刺したもので、桜の花が咲く頃によく食べられる。日本の甘いダンプリングには、あんこ（あずきから作る）やごまだれ（黒ごまから作る）をからめたものや、醤油をベースにしたたれをかけたもの、海苔を巻いたものなど数多くある。

日本の串に刺さったカラフルな甘い花見団子。お茶と一緒に出される。

春の訪れを祝って食べる日本の桜団子

あずきを生地に詰める。

ショーケースに並ぶ餃子と肉まんの食品サンプル（大阪）

◉日常食・ストリートフードとしてのダンプリング

ダンプリングは、便利でお腹も満たされる、生活に定着した料理であり、ストリートフードにもうってつけの食べ物である。下ごしらえさえしてしまえばすぐに調理できるし、歩きながらでも食べられる。シベリアを旅しているとき、おいしいペリメニを見つけた。ペリメニとはロシアの郷土料理で、ボルシチやカーシャ（かゆ）、ロールキャベツ、酢漬けの野菜などと同じく、ロシアのどこにでもある大衆食堂（ストロワヤ）で食べることができる。ヨーロッパとアジアの境界に位置するウラル山脈の東にある都市エカチェリンブルグでは、近くの森や史跡（ここは最後の皇帝ニコライ2世が家族とともに送られ、悲惨な死を遂げた地である）を探索する合間に、ウラル地方のダンプリングを味わった。牛肉45パーセント、羊肉35パーセント、豚肉20パーセントと3種類の肉を混ぜて作るのがウラルの伝統的なダンプリングだ。

ポーランドのワルシャワやクラクフやほかの多くの町では、バル・ムレチュニイ（「ミルク・バー」という意味）という、かつては政府から補助金が出ていたカフェテリアに行けば、間違いなくピエロギを堪能できるだろう。ほかにも、キオスクや、町の中心地でアメリカのファストフード店と競っている個人経営の小さな店や、トルコのケバブ料理店でも食べられる。

大量に購入されたピエロギが凍ったまま熱湯に入れられ、数分もすれば発泡スチロールのトレイに載せられ出てくるのだ（おまけに薬味はいくつかの中から選ぶことができる）。こういった店がミシュランの星を獲得したことはないだろうが、厚くてもっちりした皮とジューシーな具はとてもおいしくて、必ず満足する味だ。

私は日本で、たいていのラーメン店でダンプリングを目にした。食券販売機には、たくさんのラーメンなどの写真と一緒に、少なくとも2、3種類の焼き餃子などのダンプリングの写真が並んでいる。食券販売機での購入方法は日本語を理解できない外国人にはわかりにくいものだが、使い方を覚えれば便利なシステムである。客は店に入ったらまず食券を買ってから席に着く。もう代金は払ってあるので、あとは店員が食券と引きかえに料理を持ってきてくれるのを待つだけでよく、現金の受け渡しは必要ない。日本のダンプリングの中でいちばん広く食べられているのは餃子《ギョーザ》で、中国の焼き餃子の鍋貼《グウオテイエ》とそっくりだ。また、肉まんは中国の包子《バオズ》とよく似ており、ストリートフードとして、大きな駅や通りなどで売られていることが多い。

人通りの多い場所で売られるストリートフードのダンプリングといえば、ラテンアメリカのタマレスだ。街角に設置したタマレラスという大きな蒸し器で調理される。バナナの葉の包みを開けば歩きながら食べられるし、家族に買って帰っても調理済みなので手間がかから

スーパーマーケットで売られている缶詰のラヴィオリ

ない。

今や、世界中のスーパーマーケットで、缶詰や真空パックや冷凍のダンプリングが手に入る。中国のワンタンの皮は、生地をこねて家庭でも作ることができるが、コーンスターチをあいだにはさんでくっつかないようしてある調理済みの皮をまとまった量で購入することもできる。半調理済みのワンタンと包子《バオズ》は、常温保存のものも冷凍保存のものも、蒸し器か電子レンジで数分蒸すだけですぐに食べられる。

工場で生産されたラヴィオリは、冷凍で数週間保存できるもの、乾燥や真空パックの状態で数か月保存できるもの、缶詰（トマトソースと一緒のことが多い）

で何か月も保存できるものがある。冷凍したものも乾燥させたものもどちらも品質はよい（手が込んでいたり独創的な具が入っているラヴィオリは、専門店や家庭で手作りのものを食べるしかないが）。ロシアでは、市販のペリメニは西側の即席めんと同様、学生や独身男性の生活に欠かせないものになっている。

◉中国の伝統料理――点心

昔の中国の茶館は、シルクロードを行き来する旅人や、一日の畑仕事を終えた農民の憩いの場としてにぎわっていたにちがいない。「心をあたためるもの」「心のよろこび」「心に触れるもの」などと訳される点心は、もともとは広東の食習慣がもとになってできたものである。広東では客をもてなすとき、お茶と一緒に軽食を出す習慣があったのだ。

今日では、小麦粉で作った食べられる皮に包まれたもの、蓮やバナナの葉など食べられない皮に包まれたものなどさまざまな種類の点心があるが、それらはたいてい数個ずつ竹の蒸籠に入れて蒸され、冷めないようそのまま食卓に出される。軽めの蒸し料理が初めに出され、そのあとに揚げ物が続き、最後はデザートで締めくくられる。昔ながらの店では、さまざまな点心を載せたワゴンを給仕が押してまわり、客はその中から食べたいものを選ぶが、最近では卓上に置いてある驚くほどたくさんのメニューが載った注文用紙でオーダーする方式のほうが一般的になりつつある。

中国北部の西安では、「点心の晩餐」「点心の宴」なるものが地元の観光センターや旅行代理店のおすすめとして企画されている。地域の文化に深く根付く、時に不可思議な言い伝えにインスピレーションを得て作られた、味、色、形がさまざまな点心を、壮観なショーとセットで楽しむことができる。

点心メニュー

牛肉団子　味付けした牛ひき肉を湯葉で包んで蒸した団子

叉焼包（チャーシューバオ）　叉焼を詰めて蒸した包子

腸粉（チョンファン）　エビ、牛肉、豚肉などを米粉の皮で包んだクレープのようなもの

イカのカレー蒸し　カレーソースで味付けしたイカを蒸したもの

咸水角（ハムスイコー）　もっちりした甘い生地に豚肉やエビやキノコを詰めた三日月形の揚げ餃子

カスタード包子　塩を効かせたカスタードと肉や魚介を詰めて蒸した包子

粉果（ファングオ）　豚肉やタケノコを詰めて蒸した半透明の蒸し餃子

蝦餃（ハーガオ）　つやつやした半透明のエビの蒸し餃子

水餃（シュイジャオ）　肉を包んで熱湯でゆでた餃子

蘿蔔糕（ルーパーゴウ）　大根と米粉を混ぜて蒸した餅（大根餅）

糯米鶏（ローマイガイ）　もち米、鶏肉、叉焼などを蓮の葉で包んで蒸したちまき

ゴマ団子　もち米粉と黒糖を混ぜた生地にあずきあんを詰めて丸め、ゴマをまぶして蒸した団子

春巻　細かくきざんだ肉、干しシイタケ、ニンジン、タケノコをオイスターソース、醤油、砂糖で味付けして薄い皮で包んで揚げたもの。アメリカのエッグロールよりも具が少なくて軽い

焼売　エビ、豚肉、カニなどを皮で包んで籠のような形に整え、上に魚卵をのせて蒸したもの

タロイモ揚げ　タロイモをつぶして作った皮に豚肉、干しエビ、干しシイタケを包んで揚げたもの

エッグカスタードタルト　パイ生地にカスタードをのせて焼いたタルト

マンゴープリン　マンゴーの果肉と生クリームを混ぜたなめらかなプリン

カスタードまん　カスタードを詰めて蒸したまんじゅう

第5章 ◉ 民話、文学、映画

食卓でおなじみの料理として、また郷土料理として、世界各国で親しまれているダンプリングは、文学、民話、詩、映画、歌、童謡に、小道具、わき役、時には登場人物として登場する。また、イタリア、ウクライナ、アメリカなどのさまざまな国では、その国独自のダンプリングの認知度を上げ、歴史と伝統を守るために、美食学会、歴史学会が力を注ぎ、世界各地にあるモニュメントもその活動に貢献している。この章では、芸術としての側面から、また一風変わった切り口からダンプリングに迫り、このシンプルな食べ物がいかにして社会に深く根付き、伝統の食となり、人々に親しまれ、心の慰めになっていったかを探っていく。

◉中央アジアの民話

ムラー・ナスレッディン、またはホジャ・ナスレッディンは、中央アジアや中東の国々で有名な民話の登場人物で、「賢明な愚か者」という諷刺的に描かれたキャラクターとしてよく知られている。時代を超えて受け継がれてきたナスレッディンの物語は、簡潔だが含蓄を含んでおり、ユーモアを巧みにまじえながら教訓を語っている。また、13世紀から何世代にもわたり語り継がれ、修正されてきたこれらの物語は、小さな村の日々の生活を詳細に描いてもいる。

ここで紹介するウズベク族のあいだで語られてきた物語は、登場人物のダンプリングへの情熱と、それゆえに生じた勘違いが主題となっている。あらすじは次のようなものだ。ある日のこと、ロバに乗って旅していたナスレッディンは、友人の家に立ち寄り、昼食をごちそうになることにした。その家で出される小さなダンプリング（チュチュヴァラ）はおいしい、と町じゅうで評判だった。ナスレッディンはついていた。チュチュヴァラが台所の近くの小さな木の枝にぶらさがっていたのを見たからだ。チュチュヴァラをごちそうになったナスレッディンは、なんておいしいんだろう、と何度もほめ言葉を繰り返した。

その家を去るときもまだほめつづけていたが、チュチュヴァラが木の枝から生えていると

中央アジアの多くの国で、民話の登場人物として有名なムラー・ナスレッディンのブロンズ像。ウズベキスタン、ブハラ。

思い込んでいたナスレッディンは、あの木の枝をひと枝持ち帰らせてほしいと友人に頼んだ。実際には、その日の朝に作ったばかりのチュチュヴァラを天日乾燥させるために台所のそばの木にひっかけていたのだが、友人はナスレッディンの突拍子もない頼みに面食らいつつも、枝を切って渡してやった。ナスレッディンは今もなお、なぜチュチュヴァラは生えてこないのだろうと思いながら、その枝に水をやりつづけている……。

◉日本の民話と文芸作品

中央アジアや中東のムラー・ナスレッディンと同様に、日本で人気の物語の主人公といえば桃太郎である。物語の中で、きび団子は、元気をつけるために毎日食べる大事な食べ物として描かれているが、そのきび団子を桃太郎も大好きであるという点に深い意味がある。

「桃太郎」は日本で古くから語られてきた昔話で、子供のいないおじいさんとおばあさんが登場する。ある日のこと、川から流れてきた大きな桃を持ち帰ったおばあさんが、おじいさんと一緒に家で桃を割ろうとすると、驚いたことに中から元気な男の赤ん坊が飛び出した。すくすくと成長した桃太郎は、人々を苦しめる鬼を征伐しにいくことになった。おじいさんとおばあさんは、旅に持っていけるようにと、きび団子を袋に詰めて渡し、桃太郎を見送った。『まんが日本昔ばなし』（川内彩友美編／ラルフ・マッカーシー訳／講談社インターナショナル）では、次のように物語が続く。

桃太郎は笑って手を振ると、腰にきび団子の入った袋をぶらさげて、鬼ヶ島を目指して歩いていった。途中でイヌと会った。「桃太郎さん、桃太郎さん、お腰につけたきび団子、ひとつわたしにくださいな。もしくだされればお供をして、一緒に鬼を退治いたしましょう」。そこで桃太郎はイヌにきび団子をひとつ渡し、イヌを従えてふたたび出発した。しばらく行くと、今度はサルとキジに会った。きび団子ひとつと引きかえに、サルとキジも桃太郎のお供をすることになった。

大きくてたくましい桃太郎はお供と一緒に鬼を退治し、村人たちに感謝され、英雄として敬われた。きび団子がなかったら、お供のものを連れていけず、鬼を退治できなかっただろう。おじいさんとおばあさんが作ってくれた素朴なきび団子が、桃太郎に力を与えたのだ。

多くの物語を残した小泉《こいずみ》八雲《やくも》（パトリック・ラフカディオ・ハーン。１８５０～１９０４年）は、「団子をなくしたおばあさん」（１９０２年）の中で、団子を題材にした話を書いている。

せいろにのった宮島（広島県）の名物、穴子まん。

『日本昔噺 *Japanese Fairy Tales*』（1918年）に収められたこの物語のあらすじは、次のようなものである。ある日のこと、おばあさんが団子を作っていたとき、団子が土間の穴の中に落ちてしまった。団子を取ろうと手を伸ばしたところ、おばあさんも穴に落ちてしまう。気づくとおばあさんは別の世界にいて、そこには人を食うという大きくて恐ろしい鬼が住んでいた。転がる団子を追いかけていたおばあさんは鬼に捕まってしまうが、団子作りが上手だったので、鬼の飯炊きの仕事をもらい命ばかりは助かった。やがて、追いかけてくる鬼をなんとかかわして無事にもとの世界にもどったおばあさんは、いくらでも団子を作りだせる魔法のしゃもじを持ち帰り、大金持ちになった。

日本の小説家の夏目漱石の作品からも、ダンプリングが人々の生活に定着していたのが読みとれる。夏目漱石は、明治維新を経て長い鎖国を脱し、西洋の文化と出合った日本の社会が抱える矛盾を描いた。その著書「吾輩は猫である」(1906年)の中で漱石は、西洋の習慣を過度にまねするがゆえに物笑いの種になる、上位中産階級の人々を描いている。登場人物たちの日々の暮らしのあらゆる面は、何世紀も続いた日本の伝統に今なお深く根差している。着る物も、人付き合いにおける礼儀作法も、もちろん食べ物も。

伊藤愛子とグレイム・ウィルソンの翻訳(1972年)を読んでいて、おもしろい箇所を見つけた。話し好きでマイペースな多々良《たたら》という男が、師である珍野苦沙弥《ちんのくしやみ》とその妻に、素朴な日本の団子を勧める場面だ。

芋坂へ行って団子を食いましょうか。先生あすこの団子を食ったことがありますか。奥さん一返行って食って御覧。柔らかくて安いです。

多々良の提案は、もったいぶった苦沙弥と気取った妻には相いれないものである。懸命に努力して日本の伝統から距離を置こうとしている彼らは、西洋から入ってくるものならなんでも取り入れて、日本の伝統に関するものを鼻であしらっているのだ。

◉「未来派料理の声明書」

明治維新がもたらした変化は、食べ物も含め人々の生活に定着してきた日本の伝統を脅かしたが、イタリアでも同じようなことが起きている。未来派［過去の芸術の徹底的な破壊と機械化によって実現された近代社会の「速さ」を称える前衛芸術運動］の発起人であり、ファシズムの支持者でもあるフィリッポ・トンマーゾ・マリネッティが、1931年に「未来派料理の声明書」で、全イタリア人にパスタの全廃を呼びかけたのである。声明書で彼は次のように述べる。

われわれは、パスタ、及びイタリアの美食主義の不合理の全廃の正当性を信じるものとする。イギリス人はタラとローストビーフとプディングから、オランダ人は肉とチーズから、ドイツ人はザウアークラウトと薫製ベーコンとソーセージから力を得るのかもしれないが、イタリア人がパスタから力を得ることはない。

じつはこの声明書は、政治的なことが動機付けとなって発せられた。当時の政権は、大部分を輸入に頼ることで生じた小麦の不足と価格高騰に対処するために、パスタの需要を減少させる必要があったのだ。パスタの栄養価を疑問視していたマリネッティは「人は、口にする食べ物と飲み物によって考え、夢を見て、行動する。イタリア人が抱える、疑い深く、激しやすく、疲れやすく、悲観的で、無気力で、どっちつかずという欠点は、パスタのせいである」と主張した。

だが、地元の特産品のラヴィオリを支持するジェノヴァの芸術家集団が、マリネッティに次のような手紙を書き送った。「マカロニ、ヴェルミチェッリ、スパゲッティ、トルテッリーニを排除するというスタンスは支持するが、前向きな気持ちと強さを与えてくれ、深い共感と感謝と友情の念を抱かずにはいられないラヴィオリには、あくまでも中立の立場をとることを求める」。マリネッティは、画家のヴィットリオ・オズヴァルド・トッマジーニ（ペンネームはファーファ）を含むほかの未来派芸術家からも、ラヴィオリを支持する詩的な声明を受けとっている。おそらくその形からそういった着想を得たのだろうが、トッマジーニはラヴィオリのことを「肉の詰まったラブレター」と表現している。

◉詩

18世紀の終わりから19世紀の初めにかけて活躍したヴェトナムの女流詩人、胡春香《ホースアンフオン》は、性愛を扱った機知に富んだ詩を書いたが、家父長制度社会において抑圧された女性も多く題材にしている。2008年4月に、マリリン・チンの翻訳により『ポエトリー』誌に掲載された次の美しい詩はダンプリングを扱っている。中国やほかのアジアの国々の詩には、女性のカラダの象徴として熟した果物やダンプリングがよく登場する。

ぷかぷかと浮かぶダンプリング
丸みを帯びた体に白い粉をはたかれ
池の中の小山のように、頭を出したり引っこめたり
硬くてざらざらした手でこねまわしても
わたしの真っ赤な心までは壊せない

◉映画

極東では、ダンプリングが日々の食卓によく並ぶ。さまざまな映画の美しく重要な場面で、ダンプリングを目にすることも多い。国際的にも高く評価された台湾映画『恋人たちの食卓』（アン・リー監督／1994年）の冒頭の場面では、伝統的な豪華な晩餐の一品として小籠包《しょうろんぽう》が出てくる。作っているのは一流ホテルの料理長、朱《チュ》だ。若い頃に妻を亡くし男手ひとつで3人の娘を育ててきた朱は、毎週日曜日に、成人した娘たちのために手料理をふるまう。一家が集まる円卓では、古い考えと新しい考えがぶつかり合い、爆弾宣言がいくつも飛び出す。

香港映画『dumplings』（フルーツ・チャン監督／2004年）［日本ではオムニバス映画『美しい夜、残酷な朝』の中の1作として公開された］には餃子を作る暗示的な長い場面がある。主人公は夫との関係がうまくいっていない人妻だ。若く魅力的でいるためには手段を選ばないこの人妻は、身の毛もよだつような材料を使った餃子を食べる。この秘密のレシピは、違法に中絶手術を行なっていた元産婦人科医の考案によるもので、元産婦人科医は、老いを隠したい金持ちの人妻を助けるために、金にはなるが不穏な商売に手を出すことになる。

日本の漫画を原作にした韓国映画『オールド・ボーイ』（パク・チャヌク監督／2003

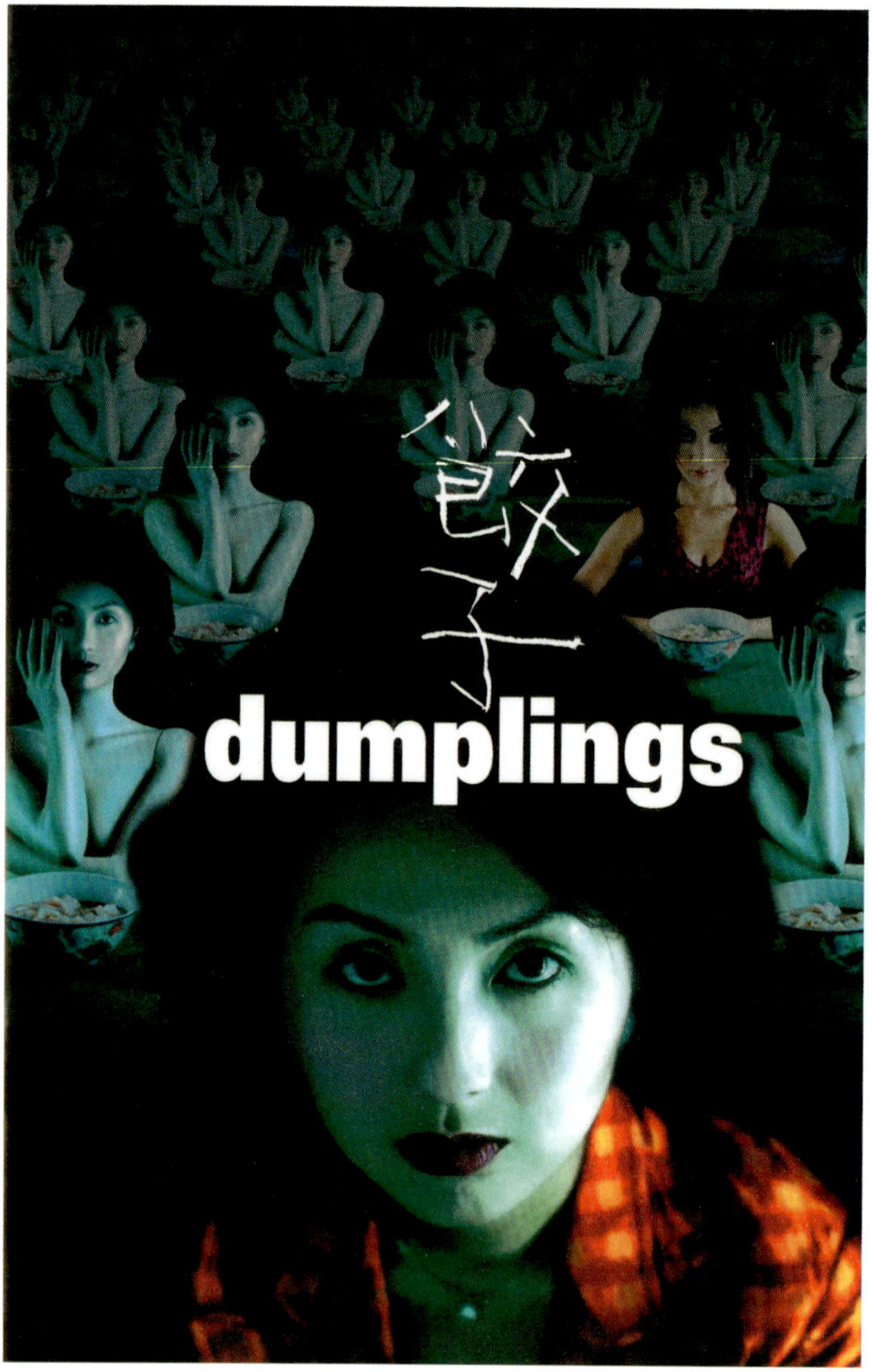

映画『dumplings』（2004年）のポスター。

年）では、主人公が誘拐され、どこだかわからない場所の狭い部屋に15年間理由もわからぬまま監禁される。毎回出される食事は、近くの食堂のダンプリング（韓国のクンマンドゥ）だ。突如解放された主人公は、クンマンドゥの味の記憶を頼りに、自分を監禁した人物を追跡する。食堂から食堂へと渡り歩き、ついに監禁されていたあいだずっと食べつづけてきたクンマンドゥを見つけ出し、残忍な復讐を成し遂げる。

人気のアニメーション映画『カンフー・パンダ』（マーク・オズボーン、ジョン・スティーヴンソン監督／２００８年）には、ダンプリングを中心に話が展開する場面がある。主人公のポーはダンプリングが好きな不器用なパンダで、シーフー老師の指導のもとに厳しい修行を重ねながら、カンフー・マスターを目指している。ポーにはカンフーの能力がまったくないように思われたが、あるとき、シーフー老師は、ポーは食べ物がからむと信じられないほどすばらしい身体能力を発揮することに気づく。肉まんをとりあってポーとシーフー老師が争う場面は、アクション満載でとりわけ記憶に残る。

続編の『カンフー・パンダ２』（ジェニファー・ユー監督／２０１１年）でも、ポーのダンプリングに対する食欲はとどまることを知らず、ポーがマスター・ファイブを感心させようと、40個ものまんじゅうを口に詰めこむというおもしろい場面がある。だがぜんぶ詰めこんだところで、マスター・ツルが、よくやったとポーの背中をたたくと、まんじゅうがぜん上：映画『オールド・ボーイ』（2003年）のポスター。

下：映画『カンフー・パンダ』（2008年）で、パンダのポーが肉まんを食べるシーン。

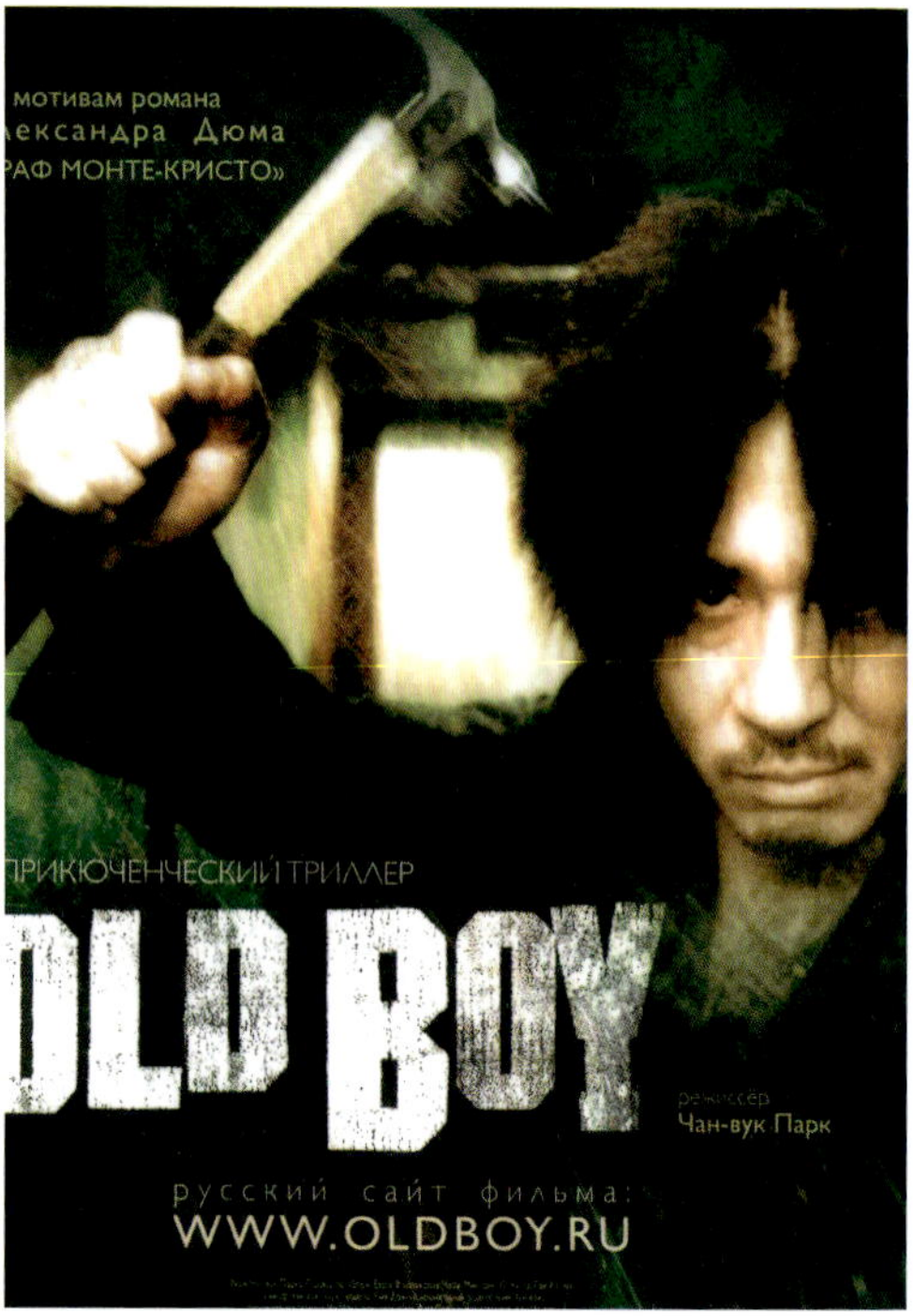

ぶ口から飛び出すという残念な結果に終わる。

◉子供向けの本や詩歌

東アジアでは、ダンプリングから着想を得たかわいいキャラクターが人気で、そのキャラクターが登場する漫画、アニメ、ビデオゲームがあったり、ぬいぐるみが売られていたりする。一方、欧米では、ダンプリングに言及したものは、子供向けの本や、マザーグースなどの童謡に見られることが多い。

例をあげると、『パディントンの一周年記念』〔マイケル・ボンド著／松岡享子訳／福音館書店〕に収められている「台所のおばけ」では、クマのパディントンがとんでもなく大きな団子を作り、おもしろおかしい騒動を巻き起こす。

ウインザー・ガーデン32番地に住むブラウンさんとブラウンさんの奥さんは病気で寝ていて、家政婦のバードさんはあすにならないと帰らない。パディントンは、きょうはぼくが家族のために料理を作ろうと決心するが、なかなか思いどおりに事は運ばない。電気ポットにキャベツを入れるが、コーヒーを沸かすときに中のキャベツを出すのをすっかり忘れてしまい、キャベツ入りのコーヒーを飲まされたブラウンさんは吐き出してしまう。団子入りシチューが大好きなパディントンは団子を作ろうとするが、大きなボウルが見つからなかったので、自分の帽子に材料を入れて混ぜはじめる。団子のたねを入れた鍋の湯が沸騰すると、たねはどんどんふくらみ、しまいにはふくらんだたねが鍋のふたを押しあげ、レンジの上にこぼれて床にまであふれだす。それはまるでおばけのようで、パディントンは大慌てでべたついた帽子をかぶり、ドアに向かって駆けだす。そこへ、友人のグルーバーさんが訪ねてくる。パディントンは「わるいけど、ぼく、帽子とれないんです。お団子のたねでくっついちゃってるから」と言って助けを求め、団子入りのシチューをグルーバーさんと一緒に作り、ブラウン夫妻に食べてもらう。バードさんが帰ってくる前に、グルーバーさんと台所を片づけようとするところで話は終わる。パディントンのほかの話と同じように、最後はハッピーエンドだ。

マザーグースなどの童謡や子供向けの詩歌には、ケーキ、ジャガイモ、ポリッジ［かゆ］、ソーセージ、ホットクロスバン［十字架の印のついた菓子パン］などの食べ物を扱ったものが多いので、ダンプリングを扱ったものがいくつかあっても不思議ではない。「ディドゥル・ディドゥル・ダンプリング Diddle Diddle Dumpling」は、ダンプリング売りが通りでダンプリングを売るときのかけ声で、少なくとも2世紀のあいだ、人気の高い詩歌を集めたマザーグース集に加えられている。現在は、この詩歌の持つ強い韻律がその理由だが、イギリスでは幼児期（5～6歳）の子供を対象に厳選された詩歌の中核をなす存在となっている。

ディドゥル・ディドゥル・ダンプリング
まんまるのジョン坊や
ベッドに入った
ズボンをはいたまま
片方のクツをぬいで
もう片方ははいたまま
ディドゥル・ディドゥル・ダンプリング
まんまるのジョン坊や

「ディドゥル・ディドゥル・ダンプリング」と「プッシィキャット・エイト・ザ・ダンプリング Pussycat Ate the Dumplings」は、数百の詩歌を集めた『厳選マザーグース集 *The Real Mother Goose*』（1916年初版）に収録されている。この本には、ペンと水彩絵の具を使ったブランチ・フィッシャー・ライトのすばらしい挿絵が添えられている。

プッシィキャット・エイト・ザ・ダンプリング、ザ・ダンプリング
ネコちゃんがダンプリングを食べちゃった

そばにいたお母さんが「まあ！」と叫ぶ
どうしてダンプリングを食べちゃったの？

「デイヴィ・デイヴィ・ダンプリング Davy Davy Dumpling」は、親と赤ちゃんの「くすぐり歌」としてよく使われる。親は1行目の「デイヴィ」を自分の赤ちゃんの名前に変えて、赤ちゃんに歌の内容を動作で示しながら、ゆすったり、くすぐったり、軽くかみついたりするのだ。

デイヴィ・デイヴィ・ダンプリング
まんまるの坊や
お鍋でゆでて
砂糖とバターをかけて
熱いうちに食べちゃうぞ！

◉歌

イタリアのボローニャで年1回開催され、テレビ中継もされる子供の歌のための国際歌唱コンクール「ゼッキーノ・ドーロ」の第51回（2008年）で披露された「イル・トルテッリーノ Il Tortellino」［Tortellino は Tortellini の単数形］という歌は、むずかる小さな息子に食事をとってもらおうと奮闘する母親のことを歌っている。手の込んだ料理を何時間もかけて作ったのに息子に食べてもらえなかった母親は、解決策を見つけようとほかの母親たちを呼び出す。そしてみんなで長いこと話し合った結果、トルテッリーニ（Tortellini）を作ることにする。トルテッリーニは、ボローニャ発祥の指輪の形をした具入りのダンプリングだ。計画はうまくいき、合唱隊は愉《たの》しげに歌いあげる。

ボローニャ生まれのトルテッリーノ
クリームは添えずにスープと一緒に
お皿を空っぽにするための
ママのとっておきのレシピなの
あの日からずっとわが家では

夕食の時間になると
指でつまんで比べっこ
昔からあって、おへその形のおもしろい
指輪みたいなトルテッリーノ

ダンプリングが出てくる歌は、ほかにイギリスのポップデュオ「ペット・ショップ・ボーイズ」の「ザ・ダンプリング・ソング The Dumpling Song」があるが、この歌は、10歳以下の子供向けの劇「パパはバードマン」〔原作はデイヴィッド・アーモンド著／金原瑞人訳／フレーベル館〕で劇中歌として使われている。リジー・カラスという少女が、父親のジャッキーとともに、おいしいダンプリングを作ってくれるドリーンおばさんに助けられながら、人生に真剣に向き合い、母親の死を乗り越えていくというストーリーだ。

ダンプリングを称えているのはマザーグースや子供向けの歌だけではない。1950年代のキューバの有名な曲「ロス・タマリトス・ディ・オルガ Los Tamalitos de Olga」も、シエンフエゴスの屋台で売られるおいしいタマレスを称えている。

◉フェスティバルとイベント

食を文化遺産という視点で捉えるとき、地方、都市、地域社会それぞれの伝統の食を称えるフードフェスティバルの役割は重要だ。これまで述べてきたように、ダンプリングは食物史に重要な役割を果たしてきた伝統的な食べ物であり、そんなダンプリングに焦点を絞ったフェスティバルがあっても驚くにはあたらない。いくつか紹介しよう。

ドラゴンボート・フェスティバル（龍船節《りゅうせんせつ》）は、旧暦5日5日に中国各地で開催される祭りで、この日にちまきを食べる習わしがある。この祭りは、紀元前278年、その強い愛国心で知られる詩人、屈原《くつげん》が敵に自国を侵略されたのを憂い、汨羅《べきら》の川に身を投げた故事を記念して行なわれている。人々は屈原への捧げ物としてちまきを川に投げ入れ、また入水《じゅすい》した屈原の体を守るため、太鼓や銅鑼《どら》を鳴らして魚などを追い払う。ちまきはこの日のために各家庭で作られ、親戚や友人への贈り物や、先祖へのお供え物としても使われる。

遼寧省《りょうねいしょう》の省都の瀋陽《しんよう》では、年に一度100人以上の競技者が集う、ダンプリング作りのコンテストが開かれる。質と量が競われ、コンテスト終了後は地元の老人ホームや外国人労働者に寄付される。

アメリカのペンシルヴェニア州では、プロ野球チーム、ピッツバーグ・パイレーツの試合

中国の瀋陽で開催されるダンプリング作りのコンテスト

中に「グレート・ピエロギ・レース」という一風変わったレースが行なわれる。走者は、大きなダンプリング（ポーランドのピエロギ）の着ぐるみを着た4人のパイレーツのマスコット、緑の帽子のハラペーニョ・ハンナ、黄色い帽子のチーズ・チェスター、赤い帽子のザウアークラウト・ソール、紫の帽子のオリヴァー・オニオンだ。時にはこのメンバーに青い帽子のポテト・ピートが加わることもある。ピエロギたちはいつも球場の外野フェンスに沿って走るのだが、パイレーツのオウムのマスコット、パイレーツ・パロットに邪魔されたり、地面に倒されたりすることもよくある。1年に一度、このメンバーで、ミルウォーキー・ブルーワーズのソーセージの着ぐるみや、

ピッツバーグ・パイレーツの試合中に行なわれるグレート・ピエロギ・レースに出場するオリヴァー・オニオン、チーズ・チェスター、パイレーツ・パロット。アメリカ、ペンシルヴェニア州。

ワシントン・ナショナルズの合衆国歴代大統領の着ぐるみのマスコットと対戦する。

また、インディアナ州のホワイティングでは、ピエロギも含めたポーランドの伝統を祝う祭り「ピエロギ・フェスト」が毎年7月に開催される。この祭りはポーランドからの移民の子孫により運営されており、一族の記憶をユーモラスに再現して民族の伝統を祝う。3日間の祭りのあいだ、地元の人たちはピエロギに扮装したりしながらさまざまなイベントを楽しむ。

歌やダンスのコンテストのほか、ピエロギ・トス（向かい合ったペアが距離を広げながらピエロギを投げ合い、最後までキャッチしつづけたペアが勝ち）や、ピエロギ・イーティング・コンテスト（3分間でどれだけ多くのピエロギを食べられるか競う）などのイベントがある。パレードでは、ミスター・ピエロギやポーランド王女の衣装を着た人が、祭りの参加者と一緒に写真を撮ったりする。ほかに、ミスター・ピエロギのとりまきである11人の少女ピエログッテス（ミス・マッシュルーム、ミス・プラム、ミス・チーズ、ミス・ポテト、ミス・ザウアークラウト、ミス・チキン、ミス・キャベッジ、ミス・ビーフ、ミス・アプリコット、ミス・ベリー、ミス・チック）もいて、平均年齢6歳のリトル・ダンプリングも大勢見かける。

イタリアでも、地元の名物料理や食材と強く結びついた定期市やフードフェスティバルが毎年、各地で開催されている。名物料理を地元のワインや伝統的な音楽やダンス、同時代の芸術家の作品を楽しみながら試食できる。こういった地元の料理を楽しむ催しは、ボローニャの「トルテッリーノ・デイ」のように1日限りのものもあれば、フィレンツェの「フェースタ・デール・トルテッロ・エ・デール・フォルマージョ・アルティジアナーレ（トルテッロとアルチザンチーズ〔職人による手作りチーズ〕祭り）」のように1か月続くものもある。だが、期間としては週末や1週間というものが多く、時期は3月から10月のあいだ、とくに学校の休みと重なり、1年の中で気候もいちばんよく、どの世代も参加できて夜遅くまで楽しめる6、7、8月に開催されるものが多い。

エミリア＝ロマーニャ州では、フェラーラ県リーノ・チェンティーゼの「昔ながらのトルテッリーノ祭り」、モデナ県カステルフランコ・エミーリアの「トルテッリーノ祭り」、ボローニャ県カザルフィウマネーゼの「ラヴィオロ・ドルチェ祭り」などが楽しめる。「トルテッリーノ祭り」では、地元の人が中世の衣装を着てトルテッリーノにまつわる言い伝えを劇で再演したりする。宿屋の主人が美しい女性客に触発され、彼女のへその形に似せて具入りのダンプリングを作ったのがトルテッリーノの始まりだ、という話だ。

1925年に始まった「ラヴィオロ・ドルチェ祭り」は、1738年に始まったサン・ジュゼッペの祭りが起源といわれている。この祭りでは、参加した子供たちに甘いダンプリ

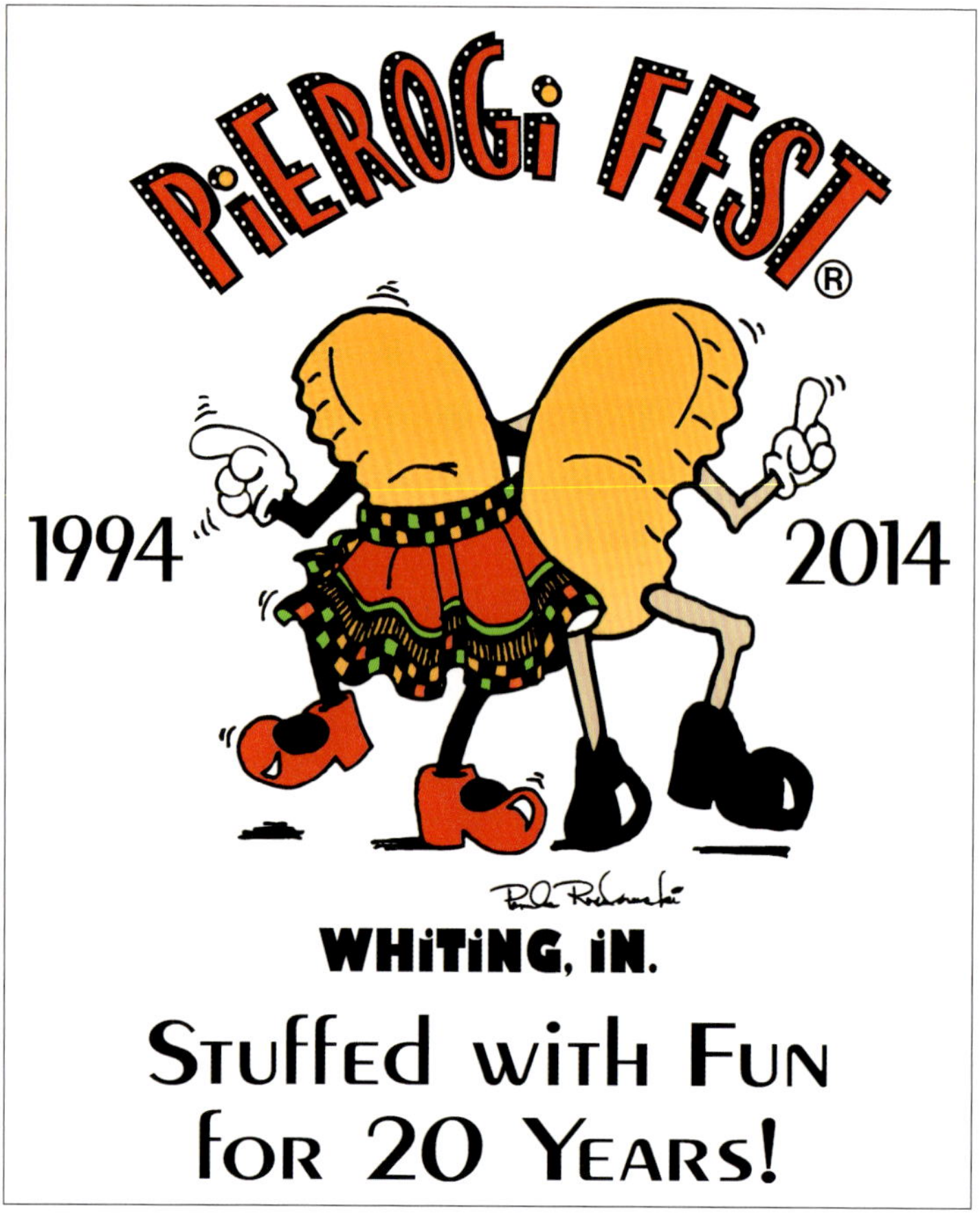

ピエロギ・フェストのポスター。インディアナ州ホワイティングで開催されるこの祭りは、ポーランドからの移民の子孫により運営されている。

ングが配られていたが、「ラヴィオロ・ドルチェ祭り」ではそれが少し変形して、ジャムや砂糖漬けの果物を詰めたラヴィオロが人々に向かって投げられる。

ヴェネト州ヴェローナ県ヴァレッジョ・スル・ミンチョでは「フェースタ・デール・ノード・ディアモレ（恋結びの祭り）」が行なわれる。3300人以上が長さ1キロメートル以上もある華やかなテーブルにつき、トルテッリーニなどの郷土料理を楽しむ。

リグリア州では、ジェノヴァ県チェラーネジの「ラヴィオロ祭り」のために地元の女性たちがラヴィオロを手作りする。また、同じくジェノヴァ県ボルゴ・フォルナーリの「手作りラヴィオロ祭り」では、地元で採れた野菜や野原に生えるハーブだけを使ってラヴィオロを作る。海に面したラ・スペツィア県マローラの「海のラヴィオロ祭り」では、魚介類が具として使われる。

ピエモンテ州でも、たくさんの祭りが開催されている。アスティ県コスティリオーレ・ダスティの「ラヴィオロ・アル・プリン祭り〔プリンはつまんで閉じる製法のこと〕」、ヴェルチェリの「アニョロット祭り」、同じくアスティ県カッリアーノの「ロバ肉のアニョロット祭り」（ロバ肉が具として使われる）、アレッサンドリア県カザーレ・モンフェッラートの「アニョロット・ドク祭り」、クーオネ県ポロンゲーラの「アニョロットとカネストレッロ祭り（カネストレッロは地元の花の形をしたチョコレートビスケット）」、アスティ県のプリメリオ、パッセラーノ・マルモリートやアレッサンドリア県のアレッサンドリア、ペチェット・ディ・ヴァレンツァの「アニョロット祭り」、アレッサンドリア県ロヴェレート・ディ・ガービィの「ラヴィオリ祭り」などがある。

トスカーナ州では、シエーナ県コンティニャーノやラディコーファニ、アレッツォ県キティニャーノ、リヴォルノ県サン・ヴィンチェンツォの「ラヴィオロ祭り」で、それぞれの名産品を味わうことができる。また、フィレンツェやその周辺でもさまざまな祭りがあり、大きな具入りのダンプリングのトルテッロを、ボルゴ・サン・ロレンツォではカッチャジョーネ（ジビエ）と、フィレンツェやスカルペリーアでは、フォルマージョ・アルティジアナーレ（アルチザンチーズ）とともに楽しめる。ほかにもイタリア各地で、このような祭りがたくさん開催されている。

◉協会と関連団体

イタリアでは、地元固有の食材やダンプリング料理を保護、促進するための関連団体や協会が数多く存在し、当然のことながらそういった団体や協会には、その地域の名物ダンプリングにちなんだ名称がつけられている。また、それらの団体や協会が主催したり参加したりするイベントには、「マーニ・イン・パスタ（生地の中の手）」や、「フェースタ・ディル・アッフェタットリーチェ（ミート・スライサーの祭り）」のような、イメージをふくらませる、ユニークな名前がついているものもある。

こういった団体のひとつ、「ラ・コールテ・ディル・アニョロット・ゴッボ（背を丸めたダンプリングの家）」は、2006年に友人数名が発足させたものだ。目的は、ピエモンテ州の伝統的なダンプリングであり、アスティ周辺地域で生まれたアニョロット・ゴッボの記録と保護、そして、アニョロット・アル・プリンとの差別化だ。アニョロット・アル・プリンはアニョロット・ゴッボと同じく手作りだが微妙に違っており、その地域で人気が高まりつつあった。この団体の活動により、アニョロット・ゴッボのオリジナルレシピはアスティ評議会に登録され、ディノミナチオーネ・コムナーレ（名称評議会、略してDe.Co.）にその名前が承認された。

また、「オーディネ・オベルティンゴ・デーイ・カヴァリエリ・デール・ラヴィオロ・エ・デール・ガーヴィ（ラヴィオリの騎士の命令）」は、1973年、ピエモンテ州のガーヴィで中世の儀式に着想を得て発足した団体で、ガーヴィ生まれの手作りのラヴィオリを広めるためにイベントの企画と運営を行ない、食事会を開催したりしている。

ピエモンテの伝統的なレシピを保護する団体、ラ・コールテ・ディル・アニョロット・ゴッボのロゴ。地元のアーティスト、アントニオ・グアレーネの手による。

カナダのアルバータ州グレンドンの村にあるダンプリングの巨大なモニュメント

◉モニュメント

世界には、ダンプリングを広める役目を果たしている奇抜なモニュメントがいくつもある。カナダのアルバータ州グレンドンにあるのは、ウクライナのダンプリングにフォークが刺さっている巨大なモニュメントだ。また、ウクライナのポルタヴァには、ふすま［小麦を挽くときに出る皮のくず］を使った地元のダンプリングとボウルとレードルの大きな彫刻がある。同じくウクライナのチェルカッシーには、ウクライナの民話の登場人物で、ワレーニキ好きでよく知られたコサック・ママーイが、大きな三日月形のワレーニキに心地よさそうにすわり、陶器の鍋からワレーニキを食べているモニュメントがある。

第6章◉ダンプリングの作り方

たいていのダンプリングは、調理台とのし棒があれば作ることができる。だが、具入りのダンプリングの中には、専用の調理器具があれば、より簡単に早く作れるものもある。その調理器具とは、パスタ・マシーン、ラヴィオリ・カッティング・トレイ、ラヴィオリ・カッター、ジグザグ・カッター・ホイールなどである。また、コランダー［水切り用のボウル］や目の粗いグレーター［おろし金］があると、ドイツのシュペッツレ（ハンガリーではノケドリという）を作るのに便利だ。

パスタといえば、乾燥パスタや真空パックのものを買うのが昨今ではあたり前になっているが、パスタ・マシーンを持っている家庭は今でも多い。パスタ・マシーンを使って延ばした生地は、のし棒で延ばしただけのものよりもなめらかで薄く、理想的な手作りのラヴィオ

ダンプリングを作るための調理器具。のし棒、パスタ・マシーン、ラヴィオリ・カッティング・トレイ、ジグザグ・カッター・ホイール。

リの皮を作れる。

ラヴィオリ・カッティング・トレイは、金属、またはプラスチックの長方形のトレイで、具を小さく丸めたものを入れるのにちょうどよい大きさのくぼみがたいてい12個か24個あり、そのくぼみがギザギザの線で区切られている。使い方は、まず、薄く延ばした生地をトレイの上に置き、それぞれのくぼみにスプーンで具をのせていく。そこに薄く延ばした生地を重ね、のし棒で押して2枚の生地を閉じ、トレイからはみだした生地を切り取る。ただし、具の水分が多すぎると、生地がトレイにくっついてしまうことがあり、その場合はかえって作るのに手間がか

ワンタンの皮と具のみそ

かるので注意が必要だ。

具入りのダンプリングはさまざまな形に作ることができるが、四角、丸、ハート形が一般的だ。シンプルなクッキーの型を使ってもいいが、持ち手がついていて、枠がギザギザになっている専用のラヴィオリ・カッターを使ってもよい。

ジグザグ・カッター・ホイールは、ダンプリングを切るのに使う道具の中では、ナイフの次にシンプルで使いやすいものといっていいだろう。ピザを切り分けるのに使うピザカッターよりは小さく、歯がのこぎりの歯のようになっていて、生地の端をラヴィオリ特有のギザギザ状にすることができる。

ゆでたダンプリングは崩れやすい。とく

に薄い生地のダンプリングの場合は、湯から取り出すときに穴じゃくしや穴あきスプーンを使うと破れにくい。

ダンプリングを蒸すには、西洋タイプの金属製の蒸し器か、アジアタイプの竹の蒸し器を使う。電子レンジを使用する場合は、プラスチック製の蒸し器を使う。

●具の包み方

ダンプリングの形と大きさは、具が入っているかいないか、地域、調理法、作る人の技術によって変わってくる。16ページのイラストを見れば、伝統的なダンプリングがどのような形をしているかがわかるだろう。

具の入っていないダンプリングは、たいてい早く簡単に作ることができるが、具を詰めて皮を折り重ねていくダンプリングを作るには、ある程度の技術と相当な量の練習が求められる。イラストもまじえながら、世界各地のさまざまなダンプリングを作るのに共通するノウハウを紹介していこう。

具の入っていないダンプリングは、イギリスのフローティングダンプリングやイタリア北部のカネーデルリのように、シンプルな団子状をしているものが多い。このようなダンプリングを作るには、カップのように丸めた手にダンプリングの生地をのせ、もう片方の手で転がしながら、生地をボール状に整える。

イタリアのポテトニョッキや、ニョッキよりも小さい小麦粉をベースにしたピザレイは、小さく丸めた生地の中央にフォークでくぼみをつけている。こういう形にするのは、口当たりを軽くし、ソースとからめやすくするためだ。この形のダンプリングを作るには、まず、生地をソーセージくらいの太さに長く延ばし、均一の大きさに小さく切り分け、丸める。次に、ひとつずつフォークのくぼんでいるほうにのせ、親指でこすりつけるようにして、へこみをつける。

イタリアのラヴィオリとドイツのマウルタッシェンは、正方形、または長方形の具入りのダンプリングだ。薄く延ばした生地に、ヘーゼルナッツぐらいの大きさに丸めた具を、指2本分くらいの間隔をあけて並べていく。次に、その上に生地をのせて具のまわりを指で押し、上下の生地をくっつける。ナイフかジグザク・カッター・ホイールを使い、具と具のあいだを碁盤の目のように切り分ける。最後に、具が生地からはみだしていないか、ひとつずつたしかめる。

東ヨーロッパの具入りのダンプリングは、ロシアのペリメニやポーランドのピエロギのように、ずんぐりした半月形か、くるんと丸まった卵型のものが多い。まず、グラスか大きな

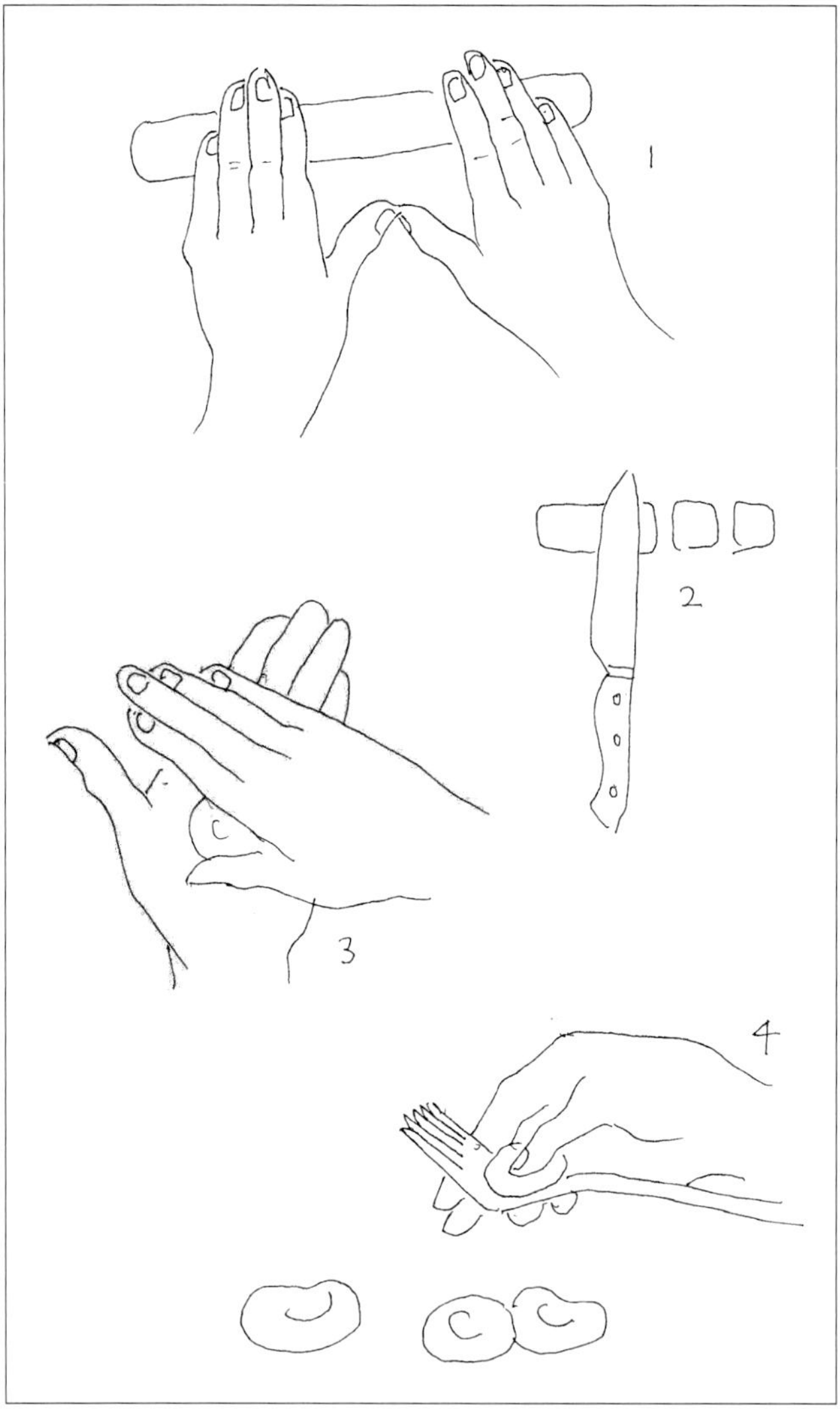

ニョッキの作り方

初心者向けダンプリングを作るためのコツ

具入りのダンプリングには、どんなタイプのものにも共通するコツがある。

1. 具は水分の少ないものを用意する。水分が多すぎてとろとろしているとトラブルのもとになる。
   ——水分が多いと、皮の真ん中から端のほうに水分が染み込み、皮と皮を閉じにくくなる。

   ——皮がしめると、皮が調理台やトレイにくっつきやすくなる。

2. 生地は弾力が出るまでこねる。

3. 生地は、レシピ通りの厚さになるまで薄く延ばす。そうしないと、完全に火が通っても皮が厚くて硬く、具の風味を損なってしまう。

4. 皮の周囲に水をつけてから、中央に具をのせ、皮の端をつまんで小さなひだを寄せながら口を閉じていくと、皮がしっかりとくっつき、ゆでたり蒸したりしているうちに、具が出てきてしまうのを防ぐことができる。

5. ダンプリングはゆでたり蒸したりしているうちにふくらむので、じゅうぶんな間隔をあけて、鍋や蒸し器に入れる。

クッキーの型を使い、薄く延ばした生地をくり抜いたら、中央に小さく丸めた具をのせる。ずんぐりした半月形の場合は、それを半分に折り、指で形をきれいに整えながら縁をしっかり閉じる。くるんと丸まった卵型の場合は、半月形のダンプリングの端と端をつけて、調理台に置いても転がらないようやさしく押して形を整える。

イタリアのトルテッリーニ、中国のワンタンの抄手《チャオショウ》（「腕組みをする」という意味）、ウクライナのワレーニキは、へそを連想させる指輪型をしているものが多い。作り方は、薄く延ばした生地をナイフかカッター・ホイールを使って正方形に切る。次に、正方形の生地の中央に小さく丸めた具を置いたら、三角形になるよう半分に折り、具が出ないよう縁をしっかり閉じる。それを左手にのせ、親指でそのてっぺんを軽く押さえながら、右手で端と端をつけて指輪状にし、左の親指をそっと抜く。

トルコのマンティや中国のワンタンは、巾着袋や布製の肩掛けかばんのような形をしているものが多い。作り方は、薄く延ばした生地をナイフかカッター・ホールで正方形に切る。次に、正方形の皮の中央に小さく丸めた具を置いたら、４つの角を合わせ、具が出ないよう縁をしっかり閉じて袋状にする。巾着袋の形になるように、上のほうを少しねじる。

モンゴルのボーズは、丸い形で、てっぺんに蒸気を逃がすための小さな穴が開いており、その穴のまわりにいくつもの小さなひだが寄せてある。大きさ、形、ひだの数は、料理の経

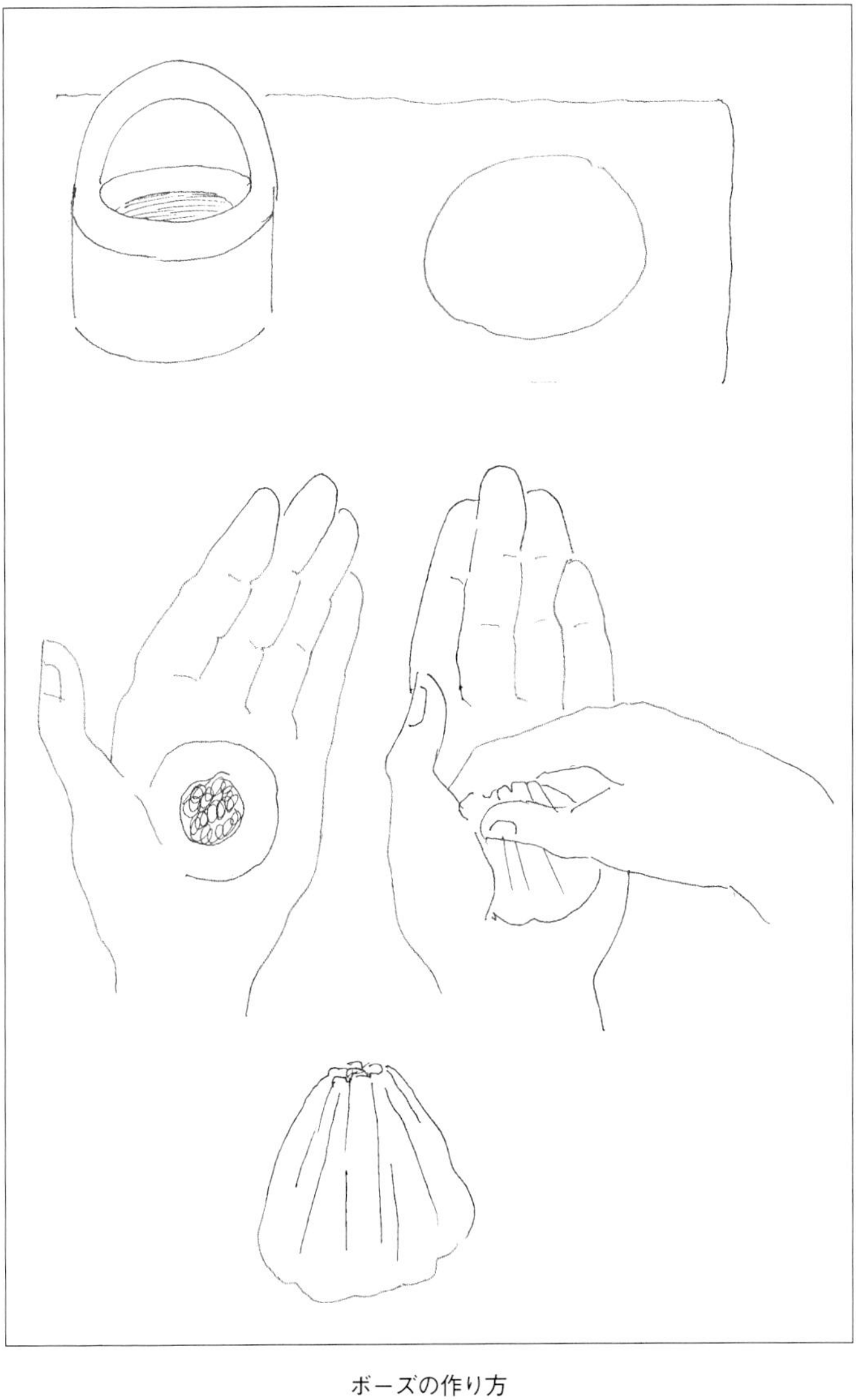

ボーズの作り方

モンゴルのボーズの作り方。生地を均等に切り分け（上段左）、生地に具をのせる（上段右）。具を包み（下段左）、蒸し器にのせる（下段右）。

験や腕前によってだいぶ変わってくる。

作り方は、小さく切った生地をのし棒で円形に延ばす。次に、それを片方のてのひらに置き、中央にティースプーンで具をのせる。皮の1点を、親指と人さし指で閉じ、ひだを作る。そのひだの上に順々にひだを寄せて、口を閉じながら丸い形に整える。このとき、完全には口を閉じずに、蒸気を逃がすための小さな穴をてっぺんに開けておく。

◉スープ、ソース、たれ

具の入っていないダンプリングは、スープやシチューに入れたり、グレーヴィーソースやとろりとしたソースを添えて出すのが一般的である。一方、具の入っているダンプリングは、シンプルなソースやたれを添えて出すことが多い。ダンプリングと組み合わせるスープとしてはチキンスープがよく使われるが、具とスープの標準的な組み合わせというものもある。具が魚介の場合は魚や海藻のスープ、具が野菜の場合は野菜のスープ、というぐあいだ。

ダンプリングに添えるソースは、ダンプリングの種類や大きさや形、どの地域で食べられているかによってさまざまである。イタリアでは、具が野菜のダンプリングはセージや溶かしバターを、具が肉のダンプリングは濃厚なトマトソースや肉とトマトのラグー［ミートソースに似たもの］を添えることが多い。

中央アジアでは、おもにニンニクやハーブで味付けしたあたたかいヨーグルトをかけ、中央、東ヨーロッパでは、サワークリームを添えたり、オニオンチップをふりかけたりして食べる。アジアでは、ゆでたものでも蒸したものでも、醤油やラー油をベースにしたソースやたれを添えることが多い。

色とりどりのダンプリング

世界には、生地に着色し、皮に色をつけたダンプリング料理も数多くある。例をあげると、中国では、点心の豊富なメニューに色つきの皮のダンプリングがあるし、イタリアでは、カーニバル（四旬節の直前数日間の祝祭）の頃に、ハーレクイン［菱形のまだらの衣装をつけた無言劇の道化役］の衣装のようなカラフルなダンプリングを見ることができる。このダンプリングは、肉をベースにした具をそれぞれ色の違う2枚の皮ではさんだものだ。着色するための材料の量は、小麦粉の種類や質により異なる。ホウレンソウやニンジンやビーツを裏ごししたもの、イカ墨など、色をつけるための材料に水分がある場合は、通常のレシピよりも小麦粉の量を多くする必要がある。ダンプリングの生地に着色する方法をいくつか紹介しよう（卵と小麦粉をベースにした生地で、小麦粉の量はどのレシピも200グラム）。

緑　卵1個と、新鮮なホウレンソウ100グラム。ホウレンソウはゆでて、水気を切ってしぼり、裏ごしするか、みじん切りにする。
オレンジ　卵1個と、ゆでて裏ごししたニンジン100グラム。
紫　卵1個と、ゆでて裏ごししたビーツあるいは赤キャベツ100グラム。
ピンク　卵小1個と、トマトピューレ（またはトマトペースト）大さじ1。
黒　卵小2個とイカ墨1袋。
黄　サフラン1～2グラム、またはカレー粉かターメリック小さじ1を小麦粉に混ぜてから、卵中2個を加える。
茶　無糖のココア大さじ1を小麦粉に混ぜてから、卵中2個を加える。
緑、赤、黒の斑点模様　ハーブ（ローズマリー、セージ、コリアンダー、パセリなど）のみじん切り大さじ2～3、辛みの強くない種をとった唐辛子のみじん切り、粗びきの黒コショウを生地に混ぜる。

謝辞

図書館や本屋で調べものをし、キッチンでレシピを試し、ノートパソコンに文字を打ち込むのに、多くの夜と長い孤独な週末を費やしたが、食べることが好きな私にとって、本書を執筆できたことは心からの喜びだった。夫クリスの励ましと支えがなければ、やりとげることはできなかっただろう。クリスはテニスや柔道や作詞作曲の合間に時間を見つけ、ダンプリングの写真を撮ったり、私の原稿を校正したりしてくれた。トラベルライターであり、ズンバ愛好家であるアリソン・ブースは、ゴールに到達できるよう最後のひと押しをしてくれた。アリソンの辛抱強さと思慮深いアドバイスに深く感謝する。親友エマ・ハリスと画家ルーシー・リカーズは美しい挿絵を描いてくれた。妹のシルヴィアと両親も、本書の執筆のために、写真やダンプリングにまつわる話やレシピを提供してくれた。

料理の専門家による関連本を数多く紹介してくれた著作権エージェントのブリー・バークマンにお礼を申し上げたい。『オリーブ *Olive*』誌と『ＢＢＣ・グッド・フード *BBC Good*

Food』誌のフードディレクターのルル・グライムズに謝意を表する。ロンドンの「リース・スクール・オブ・フード・アンド・ワイン」で私の師であったルルが、本書の出版というかけがえのない道へ、私を導いてくれた。

友人のハナ、マノーラ、ジェス、ケイト、ミシェル、サンドラ、モーリーン、そして、私が試作した多くのダンプリングとソースを食べてくれたディナーのゲストたちにも、感謝の言葉を伝えたい。

訳者あとがき

「ダンプリング」と聞いて、読者のみなさんはどんなものを思い浮かべるだろうか。訳者の私自身は、餃子、肉まん、ニョッキ、ラヴィオリぐらいしか思いつかなかったが、本書の巻末にある「世界のダンプリング」に120あまりのダンプリングが紹介されているのを知り、その多様性に驚いた。餃子や肉まんはよく知っていても、「ダンプリング」という言葉にはあまりなじみがない人が多いのではないだろうか。

本書ではまず、ダンプリングとはなにかという定義が述べられ、続いて世界のダンプリングが紹介されている。そして、ダンプリングについて言及されている歴史的文献、料理書などからその歴史をひもとき、ダンプリングが登場する民話、文学、映画、歌などから、ダンプリングがいかに人々に親しまれ、生活に定着してきたかを説いている。カラフルな美しい図版も多数収録されていて、巻末にはダンプリングのレシピ集もある。ダンプリングに多角的に迫り執筆された本書は、まさに、ダンプリングを知るための最適の手引書といえるだろう。

本書『ダンプリングの歴史』(*Dumplings: A Global History*)は、イギリスのReaktion Booksから刊行されているThe Edible Seriesの一冊である。このシリーズは2010年、料理とワインに関する良書を選定するアンドレ・シモン賞の特別賞を受賞している。

著者のバーバラ・ギャラニは、IFST(イギリスの食品科学技術研究所)の公認科学者、特別研究員として活躍しながら、『グローサー *The Grocer*』(イギリスの食料品の販売に特化した週刊誌)、『コンフェクショナリー・プロダクション *Confectionery Production*』(イギリスの菓子業界向けの月刊誌)などの雑誌に定期的に寄稿するなど、食のエキスパートとして多方面で活躍している。

20年以上前、私は、中国の北京と大連に3年ほど住んでいたことがある。そのとき親しくなった中国の友人と一緒に、餃子を皮から手づくりしたことがあった。使い慣れたのし棒で生地を丸く薄く伸ばしていく友人の手つきがじつに見事だったことを今でもよく覚えている。見るとやるのとでは大違いで、いざ自分でやってみると、厚さもまちまちで不格好な皮しかできなかったが、みんなで賑やかに餃子を作る時間はとても楽しく、ゆでて食べた餃子もほんとうにおいしかった。ちなみに中国、特にその北部では、餃子といえば「水餃《シュイジャオ》」(水餃子)のことを指し、主食として食べられている。そのとき、「具には、トマトでも、キュウリでも、冷蔵庫に余っている食材をなんでも入れる」と聞き、餃子の具といえば白菜やキャベツや挽き肉と思い込んでいた私は驚いたのだが、このように余った食材や旬の野菜などを取り入れ、各家庭でさまざまなレシピが生まれてきたのだろう。それ以来、私は、餃子の具としていろいろな食材を試してみるようになった。無限大ともいえる食材の組み合わせが可能なことも、ダンプリングの魅力のひとつだ。

巻末のレシピには、私自身も試してみたいレシピがいくつもあった。かなうことなら、著者のように、いずれは世界を旅しながら、その土地ならではのダンプリングを食べてみたいものだが、まずは本書巻末のレシピ集を見ながら再現し、世界各地のダンプリングを味わうことにしよう。

最後に、翻訳に際して多くのご助言をいただいた原書房編集部の中村剛さん、翻訳会社リベルのみなさんに心からお礼を申し上げたい。

２０１９年７月

池本尚美

写真ならびに図版への謝辞

著者と出版社より，図版の提供と掲載を許可してくれた関係者にお礼を申し上げる。

© The Trustees of the British Museum: pp. 53, 54, 56, 58; Photo-China Daily: p. 118; Chris Dixon: pp. 11, 25, 29, 34, 36, 71, 74-75, 88上下, 89上下, 92, 102; Chris Dixon (photography)/Barbara Gallani (food preparation and food styling): pp. 23, 27, 28, 41, 43, 59, 79, 81, 84, 85, 130, 131; courtesy of Count Enzenberg, copyright Gregor Khuen Belasi: p. 46; Barbara Gallani: pp. 9, 99; Silvia Gallani: p. 67; courtesy of Antonio Guarene: p. 126; Emma Harris: pp. 20-21; courtesy of ITALGI s.r.l: p. 13; Michael Leaman: p. 138; Malo: p. 119; copyright Pierogi Fest, Whiting, In.: p. 122; Rex Features: p. 110 (Snap Stills); Lucy Rickards: pp. 16, 134, 137; Shutterstock: p. 6 (Gianluca Foto); Victoria & Albert Museum, London: p. 33; courtesy of Village of Glendon, Alberta, Canada: p. 127.

Around the Globe (Woodstock, VT, 2007)

参考文献

Anon., *La Cuciniera Piemontese* (Vercelli, Italy, 1771)
Artusi, Pellegrino, *La Scienza in cucina e l'arte di mangier bene* (Florence, 2003), in English as *Science in the Kitchen and the Art of Eating Well*, trans. Murtha Baca and Stephen Sartarelli (Toronto, ON, 2003)
Beeton, Isabella, *The Book of Household Management* (London, 1861)
Blot, Pierre, *Hand-book of Practical Cookery, for Ladies and the Professional Cooks: Containing the Whole Science and Art of Preparing Human Food* (New York, 1884)
Botti, Ferruccio, *Gastronomia Parmense* (Parma, Italy, 1952)
Consiglio, Alberto, *La Storia dei maccheroni* (Rome, 1948)
Davidson, Alan, *The Oxford Companion to Food* (Oxford, 1999; 2nd edn 2006)
Fra Salimbene de Adam, *Cronica* [*c.* 1282-7] (Hanover, 1905)
Francatelli, Charles Elmé, *A Plain Cookery Book for the Working Classes* (London, 1852)
Gillette, F.L., and Hugo Ziemann, *The White House Cook Book* (New York, 1887)
Goudiss, C. Houston, and Alberta M. Goudiss, *Foods that Will Win the War and How to Cook Them* (New York, 1918)
Guaiti, Daniela, *La Grande Cucina regionale italiana: Emilia Romagna* (Milan, 2010)
Gundel, Károly, *Gundel's Hungarian Cookbook* (Budapest, 1956; 31st edn 2008)
Hardy, Shelia, *Arsenic in the Dumplings: A Casebook of Historic Poisonings in Suffolk* (Stroud, Gloucestershire, 2010)
Hom, Ken, *Chinese Cookery*, new edn (London, 2009)
Kenedy, Jacob, and Caz Hildebrand, *The Geometry of Pasta* (London, 2010)
Polushkin, Maria, *The Dumpling Cookbook* (New York, 1977)
Quaini, Massimo, *Per la Storia del paesaggio agrario in Liguria* (Genoa, Italy, 1972)
Roden, Claudia, *The Book of Jewish Food: An Odyssey from Samarkand and Vilna to the Present Day* (London, 1997)
—, *A New Book of Middle Eastern Food* (Harmondsworth, 1986)
Whorton, James C., *The Arsenic Century: How Victorian Britain was Poisoned at Home, Work and Play* (Oxford, 2010)
Yarvin, Brian, *A World of Dumplings: Filled Dumplings, Pockets, and Little Pies from*

世界のダンプリング

アジャカス（Hayacas） トウモロコシ粉で作った大きなダンプリング。肉やチーズを具にする。コロンビア，ベネズエラ，エクアドル。

アニョーリ（Agnoli） 具入りのダンプリング。イタリアのロンバルディア州。

アニョロッティ（Agnolotti） 具入りのダンプリング。生地の包み方によって，ゴッビ（具がこぶのようにふくらんでいるもの）とアル・プリン（成形時に生地をつまんで閉じたもの）に分けられる。イタリアのピエモンテ州。

アノリーニ（Anolini） 具入りのダンプリング。イタリアのパルマ（エミリア＝ロマーニャ州）。

ウガリ（Ugali） 蒸したダンプリング。トウモロコシ粉で作る。南アフリカと東アフリカ。

ウシュカ（Uszka） キノコを具にした小さなダンプリング。ブイヨンに入れて出す。ポーランド。

ウミタス（Humitas） トウモロコシ粉で作った大きなダンプリング。肉やチーズを具にする。ペルー。

カウドウニィ（Kalduny） ゆでたダンプリング。肉やキノコやチーズを具にする。ベラルーシ。

カゾンチェッリ（Casoncelli） 具入りのダンプリング。イタリアのブレシア（ロンバルディア州）。

カッペラッチ（Cappellacci） 具入りのダンプリング。イタリアのフェラーラ（エミリア＝ロマーニャ州）。

カッペレッティ（Cappelletti） 具入りのダンプリング。イタリアのモデナ（エミリア＝ロマーニャ州）。

カネーデルリ（Canederli） 大きな団子状のゆでたダンプリング。イタリア北部。

カムス（Kams） ポテトダンプリング。ノルウェー。

カラメッレ（Caramelle） 具入りのゆでたダンプリング。キャンディの形をしている。イタリアのピアチェンツア（エミリア＝ロマーニャ州）。

カルツォンチェッリ（Calzoncelli） 具入りのダンプリング。イタリアのプーリア州。

カルトッフェルクネーデル（Kartoffelknödel） 卵とベーコンを混ぜたポテトダンプリング。肉を添えて出す。ドイツ。

鍋貼（グゥオティエ）(Guotie)　皮の厚い具入りの焼き餃子。三日月形をしていてフライパンで焼く。中国。

クッラ（Kudle)　ポテトダンプリング。ノルウェー。

クネイデル（Knaidl)　マッツァを砕いた粉で作った大きなボール状のダンプリング。ユダヤ人のあいだでよく食べられる。

クネーデル（Knödel)　大きなダンプリング。熱湯またはスープでゆでる。ドイツ，オーストリア，スイス。

クネーデル・オド・シリーヴァ（Knedle od sljiva)　プラムを入れたポテトダンプリング。クロアチア。

クネデリキ（Knedliki)　大きなゆでたダンプリング。チェコ。

クノードリ（Knodli)　小麦粉，卵，水で作った小さなダンプリング。付け合わせの料理として出される。ハンガリー。

クリム（Klim)　小麦粉で作った小さなダンプリング。ブイヨンかとろみのあるスープに入れて出す。スウェーデン。

クリンジョーニス（Culingiones)（クルルジョーネス Cullurzones とも）　具入りのダンプリング。イタリアのサルディーニャ州。

クレプラハ（Kreplach)　ひき肉，マッシュポテトを具にしたダンプリング。スープに入れて出す。ユダヤ人のあいだでよく食べられる。

クロスキ（Kluski)　大きなチーズダンプリング。ポーランド。

クロッセ（Klösse)　大きなダンプリング。熱湯またはスープでゆでる。ドイツ，オーストリア，スイス。

クロッツ（Klot)　ポテトダンプリング。ノルウェー。

クロッブ（Kløbb)　ポテトダンプリング。ノルウェー。

クロップカーカ（Kroppkakor)　ポテトダンプリング。スイス。

クロマ（Kromme)　ポテトダンプリング。ノルウェー。

グワニメス・レリエノス（Guanimes rellenos)　トウモロコシ粉で作った大きなダンプリング。肉を具にする。プエルトリコ。

グンディ（Gundi)　卵，小麦粉で作る小さなダンプリング。チキンスープに入れて出す。アシュケナジ［ドイツ・ポーランド・ロシア系ユダヤ人］の伝統的な料理。

クンマンドゥ(Gunmandu)　具入りのダンプリング。中国の鍋貼とよく似ている。朝鮮半島。

ゲルムクネーデル（Germknödel)　蒸した甘いダンプリング。ジャムや果物のシロップ煮を具にする。ドイツ。

ケンキー（Kenkey） 蒸したダンプリング。発酵させたトウモロコシ粉で作る。西アフリカ。

コペトゥカ（Kopytka） ポテトダンプリング。ポーランド
コムラ（Komle） ポテトダンプリング。ノルウェー。

コンパ（Kompe） ポテトダンプリング。ノルウェー。

コンパドゥーサ（Komperdøse） ポテトダンプリング。ノルウェー。

ゴンボーツ（Gomboc） 大きなゆでたダンプリング。ハンガリー。

サウスクラキース（Souskluitjies） 甘いゆでたダンプリング。シナモンシロップにひたして食べる。南アフリカ。

サザ（Sadza） 蒸したダンプリング。ジンバブエでよく食べられている。

サラパオ（Salapao） 具入りの蒸したまんじゅう。中国の包子と似ている。タイ。

シーシュ・バラク（Shish barak） ひき肉を具にしてゆでたダンプリング。ヨーグルトソースをかける。レバノン。

小籠包（シャオロンバオ）（Xiaolongbao） 小さな蒸したダンプリング。肉を具にしてあり，肉汁をたっぷり含んでいる。中国。

水餃（シュイジャオ）（Shui-Jiao） 具入りのゆでた餃子。皮が厚くてもっちりしている。丸まった三日月形をしている。中国。

シュペッツレ（Spätzle） 小麦粉，卵，水で作った小さなダンプリング。肉やシチューと一緒に出す。ドイツ，スイス，オーストリア。

ショーパオ（Siopao） 具入りの蒸したまんじゅう。中国の包子と似ている。フィリピン。

シルヴァーシュ・ゴンボーツ（Szilvas gonboc） プラムを具にしたポテトダンプリング。ハンガリー。

水餃子（スイギョウザ）（Sui-Gyoza） 具入りのゆでた餃子。中国の水餃（シュイジャオ）とよく似ている。日本。

ストロッツァプレーティ（Strozzapreti） 小麦粉，卵，水で作った小さなダンプリング。とろみのあるトマトソースを添える。イタリア。

ゼンメル・クネーデル（Semmel Knödel） 古くなったパンで作ったダンプリング。チーズやキノコを生地に混ぜる。ドイツ。

ダシュバラ（Dushbara） ラム肉を詰めてゆでたダンプリング。イタリアのトルテッリーニに似ている。アゼルバイジャン。

タマレス（Tamales） トウモロコシ粉で作った大きなダンプリング。肉やチーズを具にする。ラテンアメリカ。

チペトケ（Csipetke） 小麦粉で作ったダンプリング。ブイヨンかとろみのある

スープに入れて出す。ハンガリー。

叉焼包（チャーシューバオ）（Cha siu baau）　叉焼を詰めて蒸した包子。中国。

抄手（チャオショウ）（Chāoshǒu）　蒸したワンタン。トルテッリーニと似ていて「腕組み」をしているような形をしている。中国。

チャルツォンス（Cialzons）　具入りのダンプリング。イタリアのカルニア（フリウリ - ヴェネツィア・ジュリア州）。

チュチュヴァラ（Chuchvara）　ひき肉を詰めた小さなダンプリング。イタリアのトルテッリーニと似ている。ウズベキスタン。

ツヴェッチュゲンクネーデル（Zwetschgenknödel）　大きくて丸いポテトダンプリング。プラムを具にしてある。ドイツ，オーストリア，スイス，ポーランド，ルーマニア。

ツェペリナイ（Cepelinai）　大きな楕円形のポテトダンプリング。リトアニア。

デレイェ（Derelye）　肉やジャムを詰めたダンプリング。ハンガリー。

トゥーロゴンボーツ（Turogomboc）　大きくて丸いチーズダンプリング。ハンガリー。

豆沙包（ドゥシャバオ）（Doushabao）　あんこを詰めたまんじゅう。中国。

トルデッリ（Tordelli）　具入りのダンプリング。イタリアのルッカ（トスカーナ州）。

トルテッリ（Tortelli）　具入りのダンプリング。イタリア。

トルテッリーニ（Tortellini）　指輪状の具入りのダンプリング。イタリア。

トルテッローニ（Tortelloni）　大きな具入りのダンプリング。イタリア。

肉まん（Nikuman）　蒸したまんじゅう。中国の包子とよく似ている。日本。

ニョッキ（Gnocchi）　硬くて小さいポテトダンプリング。イタリア。

ニョッキ・アッラ・ロマーナ（Gnocchi alla Romana）　セモリナ粉［パスタ製造用の上質の小麦粉］で作ったやわらかいダンプリング。チーズとバターと一緒にオーブンで焼く。イタリア。

蝦餃（ハーガオ）（Har gow）　とても薄い皮のエビの蒸し餃子。点心のメニュー。中国。

パープ（Pap）　蒸したダンプリング。南アフリカ。

バインバオ（Bánh bao）　具入りの蒸したまんじゅう。中国の包子と似ている。ヴェトナム。

包子（バオズ）（Baozi）　ふわふわしたパンのような生地に具を包んで蒸したまんじゅう。中国。

パステリートス（Pastillitos）　肉を詰めた大きなダンプリング。トウモロコシ粉

で作る。ドミニカ共和国。

パステル（Pastelle）　肉を詰めた大きなダンプリング。トウモロコシ粉で作る。トリニダード・トバコ。

バンキー（Banku）　蒸したダンプリング。西アフリカ。

バンシ（Bansh）　肉を詰めてゆでたダンプリング。半月の形をしている。モンゴル。

パンソッティ（Pansotti）　具入りのダンプリング。イタリアのリグリア州。

パンツェロッティ（Panzerotti）　具入りのダンプリング。イタリアのナポリ（カンパニア州）。

ピエロギ（Pierogi）　具入りのゆでたダンプリング。小麦粉で作った生地に肉，チーズ，ジャガイモなどを詰める。甘い具を入れることも。ポーランド。

ヒンカリ（Khinkali）　香辛料で味付けした肉を詰めたダンプリング。ジョージア，アゼルバイジャン。

ファゴッティ（Fagotti）　具入りのダンプリング。イタリア。

ファゴッティーニ（Fagottini）　小さな具入りのダンプリング。イタリア。

ファッツォレッティ（Fazzoletti）　大きな具入りのダンプリング。イタリア。

粉果（ファングオ）（Fun guo）　皮の厚い蒸し餃子。豚ひき肉，干しエビ，ピーナッツなどを具にする。中国。

フウフウ（Fufu）　蒸したダンプリング。ヤムイモやキャッサヴァで作り，スープやシチューをかけて出す。アフリカ。

ブランボロヴェ・クネドリーキ（Bramborové knedlíky）　ポテトダンプリング。チェコ。

ブリンゾヴェー・ピロヒ（Bryndzové pirohy）　塩気の強いチーズを具にしたダンプリング。スロヴァキア。

ペガイ（Pegai）　具入りのダンプリング。イタリアのパルマ（エミリア＝ロマーニャ州）。

ペリメニ（Pelmeni）　ゆでたダンプリング。小麦粉で作った生地に肉や野菜を詰める。ロシア。

ホーショール（Khuushuur）　肉を詰めて焼いたダンプリング。半月の形をしている。モンゴル。

ボーズ（Buuz）　肉を詰めて蒸したダンプリング。巾着型でてっぺんに穴が開いている。モンゴル。

ポショ（Posho）　蒸したダンプリング。ウガンダ。

ポテットボル（Potetball）　ポテトダンプリング。ノルウェー。

ボラー（Boller） 小麦粉で作った小さなダンプリング。ブイヨンかとろみのあるスープに入れて出す。デンマーク。

マウルタッシェン（Maultaschen） 大きな具入りのダンプリング。小麦粉で作った皮に肉や野菜を詰める。ドイツ南西部。

マナプア（Manapua） 具入りの蒸したまんじゅう。中国の包子と似ている。ハワイ。

マリレンクネーデル（Marillenknödel） 丸くて大きいポテトダンプリング。フルーツを具にする。ドイツ，オーストリア，スイス。

マルビーニ（Marubini） 具入りのダンプリング。イタリアのクレモナ（ロンバルディア州）。

マルファッティ（Malfatti） 小さなゆでたダンプリング。小麦粉，卵，チーズで作る。「裸のラヴィオリ」として知られる。イタリア。

マング（Mangu） プランテイン［料理用バナナ］で作った蒸したダンプリング。ドミニカ共和国。

マンティ(Manti) ゆでたダンプリング。ラム肉または鶏肉などを具にする。ヨーグルトとガーリックソースをかける。タタール・ボレキ（タタール人の肉入りパイ）として知られる。トルコ，中央アジア，中東の一部。

マンドゥ（Mandu） 具入りのダンプリング。中国の餃子と似ている。朝鮮半島。

マントゥ（Mantu） ラムのひき肉を詰めたダンプリング。ヨーグルトをかける。アフガニスタン。

饅頭（マントウ）（Mantou） ふわふわしたパンのような生地を蒸したまんじゅう。中国。

モフォンゴ（Mofongo） プランテインで作った蒸したダンプリング。キューバ，プエルトリコ。

モモ（Momo） 蒸したまたはゆでたダンプリング。チベット，ネパール。

焼き餃子（Yaki-gyoza） 具入りのダンプリング。中国の鍋貼（グゥオティィエ）とよく似ている。日本。

ラヴァイオリ（Ravaiuoli） 具入りのダンプリング。イタリアのイルピニア。

ラヴィオリ（Ravioli） パスタ生地に具を包んだダンプリング。イタリア。

ラヴィジュール（Ravjul） チーズを具にしたダンプリング。ラヴィオリと似ている。マルタ。

ラスケカコ（Raskekako） ポテトダンプリング。ノルウェー。

ラスペボル（Raspeball） ポテトダンプリング。ノルウェー。

ルタ（Ruta） ポテトダンプリング。ノルウェー。

レージ・ワレーニキ（Lazy varenyky）　小さなゆでたダンプリング。フレッシュチーズ，卵，小麦粉で作る。ロシア，ウクライナ。

ワレーニキ（Varenyky）　具入りのゆでたダンプリング。小麦粉で作った生地に肉，野菜を詰める。甘い具を入れることも。ウクライナ。

ワンタン（Wonton）　薄い生地に具を詰めたダンプリング。蒸すかスープに入れることが多い。中国。

ンシマ（Nsima）　蒸したダンプリング。マラウィ。

ンゼマ（Nzema）（ンシマ Nshima とも）　蒸したダンプリング。ザンビア。

レシピ集

ダンプリングを使った料理

◉トルテッリーニ・イン・ブロード（イタリアのスープに入ったトルテッリーニ）

（12人分）
（生地）
中力粉…600g
卵…6個
（具）
豚肉（バターで揚げ焼きにしたもの）…150g
パルマハム…150g
モルタデラ［コショウ・ニンニク入りのソーセージ］…150g
すりおろしたパルメザンチーズ…150g
卵…1個
挽いたナツメグ…適量
スープ…2リットル

1. 中力粉と卵を大きなボウルに入れて混ぜ，生地がひとつにまとまり弾力が出るまでこねたら，布巾をかけてねかせる。そのあいだに具を用意する。
2. すべての具を均一になるまでフードプロセッサーにかける。
3. 136ページを参照し，指輪状のトルテッリーニを120個ほど作る。
4. スープに入れて5～7分煮て，ゆで汁と一緒に器に盛る。

……………………………………………

◉ラヴィオリ・ディ・マーグロ（イタリアのホウレンソウとリコッタチーズのラヴィオリ）

（6人分）
（生地）
中力粉…400g
卵…4個
（具）
ホウレンソウ…400g
卵黄…1個分
リコッタチーズ…250g
すりおろしたパルメザンチーズ…大さじ4（そのほかに，お好みでふりかける分を取り置く）
オリーブオイル（仕上げ用，お好みで）…適量
溶かしバター，セージ（仕上げ用，お好みで）…適量

1. 中力粉と卵を大きなボウルに入れて混ぜ，生地がひとつにまとまり弾力が出るまでこねたら，布巾をかけてねかせる。そのあいだに具を用意する。
2. ホウレンソウを熱湯でゆでてしぼり，

卵黄とチーズとよく混ぜる。
3. 133ページのラヴィオリの作り方を参照し，四角いラヴィオリを60個ほど作る。
4. 3を沸騰した湯に入れて数分間ゆでる。湯切りをし，好みでオリーブオイル，パルメザンチーズをふりかけ，溶かしバター，セージを添える。

◉トルテッリ・ディ・ツッカ（イタリアのカボチャ入りトルテッリ）

（6人分）
（生地）
中力粉…400*g*
卵…4個
（具）
カボチャ（皮をむき，さいの目切りにしたもの）…400*g*
アマレットビスケット［アーモンドパウダー入りのビスケット］（細かく砕いたもの）…75*g*
パン粉（必要に応じて）…適量
オリーブオイル，すりおろしたパルメザンチーズ（仕上げ用）…各適量

1. 中力粉と卵を大きなボウルに入れて混ぜ，生地がひとつにまとまり弾力が出るまでこねたら，布巾をかけてねかせる。そのあいだに具を用意する。
2. 100*ml* ぐらいの熱湯で，カボチャをやわらかくなるまで15～20分ゆでる。湯切りをし，フォークかポテトマッシャーでつぶすか，フードプロセッサーにかける。
3. アマレットビスケットをカボチャに加え，べたつくようなら，余分な水分を吸収させるために小さじ2～3のパン粉を加え，味付けする。
4. 133ページのラヴィオリの作り方を参照し，大きな四角いトルテッリを40個ほど作る。
5. 沸騰した湯に入れて数分間ゆでて湯切りをし，オリーブオイルとパルメザンチーズをふりかける。

◉カネーデルリ・アッロ・スペック（スモークベーコン入りのカネーデルリ）

（8人分）
卵…2個
牛乳…500*ml*
古くなったパン（サイコロ状に切ったもの）…600*g*
タマネギ（みじん切り）…小1個
オリーブオイル…大さじ3
スペック［ベーコン］（角切り）…200*g*
パセリ（きざんだもの）…大さじ4
中力粉…80*g*
挽いたナツメグ…適量
スープ…1½リットル
塩，挽きたての黒コショウ…各適量

1. 卵と牛乳を大きなボウルに入れて混ぜ，パンを加えて，塩，コショウで味付け

し，1時間ほどおく。
2. そのあいだに，フライパンにオリーブオイルを入れ，みじん切りにしたタマネギを炒め，スペックを加えてさらに5分ほど炒める。
3. 冷めたら1と合わせ，パセリ，中力粉，ナツメグも加えてよく混ぜ，卵ぐらいの大きさに丸める。
4. スープを煮立たせ，3をひとつずつ入れて15分ほど煮る。
5. ひと皿につき3～4個のカネーデルリをスープとともに器に盛る。

◉ニョッキ・アル・ゴルゴンゾーラ（ポテトニョッキのチーズソース添え）

（6人分）
（ニョッキ）
ジャガイモ…1½*kg*
卵…1個
中力粉…280*g*（余分に用意する）
（ソース）
ゴルゴンゾーラ（またはほかのブルーチーズ）…200*g*
牛乳…200*ml*
中力粉…大さじ4

1. ジャガイモをやわらかくなるまで40分ほどゆで，皮をむいてつぶし，冷ます。
2. ジャガイモに卵，中力粉を加えてこねる。生地がべたつくようなら中力粉を少し足す。
3. 133，134ページのニョッキの作り方を参照し，小さく丸めた生地の中央にフォークでくぼみをつける。
4. ソースを作る。鍋にゴルゴンゾーラと牛乳を入れ，ゴルゴンゾーラが溶けるまで弱火であたためる。中力粉を加え，とろみが出るまで混ぜる。
5. 沸騰した湯に3を入れて数分ゆで，表面に浮いてきたら湯切りをし，熱いうちに器に盛り，チーズソースを添える。

◉中国の豚肉とエビ入りワンタン

（6人分）
豚の赤味肉…200*g*
殻付きのエビ…200*g*
ショウガ…3*cm*ぐらい
オイスターソース…大さじ1
醤油…小さじ2
米酢…大さじ1
砂糖…小さじ1
ゴマ油…小さじ1
澄ましスープ…1½リットル
市販のワンタンの皮…30枚

1. 豚肉とエビを細かくきざむ。ショウガの皮をむいてみじん切りにする。
2. 豚肉とエビに，ショウガ，オイスターソース，醤油，米酢，砂糖，ゴマ油を混ぜる。
3. 136ページのワンタンの作り方を参照し，具をはさんで布製の肩掛けかば

んのような形に成形する。
4. スープで5～8分煮る。表面に浮いてきたら具まで火が通っている。
5. 穴じゃくしで鍋からすくい，スープとともに器に盛る。

………………………………………………

◉中国のキャベツとビーツとショウガの包子

（6人分）
（生地）
活性ドライイースト（6*g*入り）…2袋
ぬるま湯…上限500*ml*で調整
中力粉…400*g*
砂糖…50*g*
調理油…大さじ1
ベーキングパウダー…小さじ1½
（具）
キャベツ（みじん切り）…300*g*
ビーツ（さいの目切り）…300*g*
根ショウガ（皮をむき，みじん切りにしたもの）…大ひとかけ
ゴマ油…大さじ1
醤油…大さじ2
砂糖…小さじ1
酒…小さじ1

1. ドライイーストを湯に溶かし，中力粉，砂糖，油を加え，生地がひとつにまとまりなめらかになるまでこねたら，倍の大きさになるまで45分ぐらいねかせる。
2. のし棒で生地を延ばし，表面にベーキングパウダーをふり，ふたつに折りたたんでさらにこねる。
3. 均等なサイズに18等分して丸め，生地が大きくふくらむまで30分以上ねかせる。
4. そのあいだに，キャベツを沸騰した湯に入れてゆでて湯切りをする。具を作るためのほかの材料と混ぜる。
5. 137ページのボーズの作り方のイラストを参照し，具を入れて成形したら，ふくらむまで30分ほどねかせる。
6. 蒸し器に湯を入れて沸かし，5をくっつかないようベーキングシートまたはキャベツの葉を敷いた蒸し器に並べる。
7. 強火で10分ほど蒸し，熱いうちに出す。

………………………………………………

◉ロシアの牛肉と豚肉入りペリメニ

（4人分）
（具）
牛ひき肉…250*g*
豚ひき肉…250*g*
タマネギ（みじん切り）…1個
塩，挽きたての黒コショウ…適量
（生地）
中力粉…280*g*
卵…3個
牛乳または水…110*ml*
植物油…少々
（仕上げ）
溶かしバターとサワークリーム

1. 具を用意する。牛ひき肉，豚ひき肉，タマネギ，塩，黒コショウを混ぜて，取り置く。
2. 生地を用意する。中力粉，卵，牛乳または水を混ぜ，塩ひとつまみと少量の油を加え，生地がひとつにまとまり弾力が出るまでこねる。
3. 133,136ページのペリメニの作り方を参照し，ずんぐりした半月形のペリメニを24個ぐらい作る。
4. 沸騰した湯で，皮がやわらかくなるまで10～15分ゆでる。
5. 湯切りし，溶かしバターやたっぷりのサワークリームを添える。

◉ポーランドのピエロギ，ザウアークラウトとマッシュルーム添え

(4人分)
(具)
生のマッシュルーム…200*g*（または，乾燥させたもの40*g*）
タマネギ…1個
バター…ひとかたまり
ザウアークラウト（水ですすぎ水気を切ったもの）…400*g*
中力粉…50*g*
塩，挽きたての黒コショウ…適量
(皮)
中力粉…280*g*
卵…2個
水…110*ml*
(仕上げ)
溶かしバター，フライドオニオン

1. 乾燥させたマッシュルームを使う場合は，あらかじめ湯に1時間ひたしておく。
2. 具を用意する。フライパンでバターを熱し，マッシュルームとタマネギを数分間炒めたら，ザウアークラウトを加えてさらに10分間炒める。
3. 2に少量の水と中力粉，ほかの材料も加え，15分間弱火で煮る。好みの味に塩，コショウし，取り置く。
4. 生地を作る。調理台に分量の中力粉を山にして置き，中央にくぼみを作り，そこに卵を割って入れ中力粉と混ぜる。
5. 4に水と塩ひとつまみを加え，生地がひとつにまとまり弾力が出るまでこねる。布巾をかけて15分ほどおく。
6. 133,136ページのピエロギの作り方を参照し，ずんぐりした半月形のピエロギを24個ぐらい作る。
7. 塩を入れた熱湯で5～10分煮る。湯切りし，溶かしバターとフライドオニオンを添える。

◉トルコのマンティ，ヨーグルトとガーリックソース添え

(4人分)
(生地)
中力粉…280*g*
卵（軽く泡立てたもの）…1個
水…60*ml*

塩…適量
(具)
牛ひき肉…500g
タマネギ(みじん切り)…1個
パセリ…適量
(ヨーグルトとガーリックソース)
ヨーグルト…450ml
ニンニクのみじん切り…小さじ3

1. 生地を作る。ボウルに中力粉を入れて中央にくぼみを作り,そこに卵と水と塩を入れて混ぜ,生地がひとつにまとまり弾力が出るまでこねる。布巾をかけて1時間ほどおく。
2. 具を用意する。牛ひき肉,タマネギ,パセリ,塩ひとつまみをボウルに入れて混ぜる。
3. ソースを用意する。ヨーグルトとみじん切りにしたニンニクを小さなボウルに入れて混ぜ,室温で取り置く。
4. 136ページのマンティの作り方を参照し,巾着袋の形になるよう成形する。
5. 大きな鍋に湯を沸かし,4を入れてゆでる。表面に浮いてきたら具まで火が通っている。
6. 湯切りして器に盛り,ヨーグルトとガーリックソースをかけ,チリパウダー(分量外)をふりかける。

◉鶏肉のダンプリング添え

(6人分)
鶏むね肉(食べやすい大きさに切る)…4枚
中力粉…大さじ3
植物油…大さじ2
ニンジン(薄切り)…2本
セロリ(薄切り)…2本
ジャガイモ(角切り)…2個
タマネギ(みじん切り)…1個
チキンスープ…1リットル
牛乳…225ml
ローズマリー…小さじ1
セージ…小さじ1
セルフレイジングフラワー[ベーキングパウダーと塩の入った小麦粉]…150g
スエット[牛または羊の腎臓のまわりの脂肪]…50g
塩,挽きたての黒コショウ…適量

1. 鶏肉に塩,コショウで味付けし,中力粉をまぶす。
2. 大きなキャセロール鍋に油を入れて熱し,鶏肉を数分間焼き,野菜を加える。
3. 2にチキンスープ,牛乳,ハーブの半量を加え,沸騰したら,ふたをして10分煮る。
4. ボウルに,セルフレイジングフラワー,スエット,残りのハーブを入れ,塩,コショウで味付けし,水大さじ6を加えて混ぜ,なめらかになるまでこねる。
5. 4を6等分して丸め,鍋の鶏肉や野菜の上にのせる。ふたをしてダンプリングに火が通るまで25分ほど煮る。

◉ノーフォークダンプリング

(6人分)
生イースト…小さじ2
キャスターシュガー［粒の細かいグラニュー糖］…小さじ1
ぬるま湯…140*ml*ぐらい
中力粉…560*g*
牛乳…150*ml*
溶かしバター，煮込んだ肉，グレーヴィーソース（仕上げ用）

1. イースト，キャスターシュガー，ぬるま湯を混ぜ，イーストが泡立ってくるまで10分ほどおく。
2. ボウルに中力粉，牛乳，1を入れて混ぜ，ふくらむまで1時間半ほどおく。
3. 2をよくこね，丸い形に成形し，ふくらむまで10分ほどねかせる。
4. 鍋に湯を沸かし，3を20分ほど煮る。
5. 熱いうちに，バターを溶かした肉入りシチューとともに器に盛る。

◉フウフウとマーフェ（アフリカのダンプリングとピーナッツスープ）

(4人分)
(ダンプリング)
ヤムイモ…1本
プランテイン［料理用バナナ］…1本
(ピーナッツスープ)
鶏むね肉（食べやすい大きさに切る）…2枚
トマト（きざんだもの）…1個
タマネギ（みじん切り）…小1個
ニンニク（みじん切り）…2片
固形スープの素…1個
ピーナッツバター…150*g*
トマトピューレ（またはトマトペースト）…大さじ2
植物油…小さじ2
塩，挽きたての黒コショウ…適量

1. 鍋に水，ヤムイモ，プランテインを入れやわらかくなるまで30分ほど煮る。
2. 1のヤムイモとプランテインの皮をむき，なめらかになるまでつぶしたら，テニスボールぐらいの大きさに丸める。
3. キャセロール鍋に鶏肉，トマト，タマネギ，ニンニクを入れる。固形スープの素と水225*ml*を加え，塩，コショウで味付けする。
4. ふたをして中火で15分ほど煮る。
5. 4にピーナッツバターと，水450*ml*をさらに加えてかき混ぜ，ふたをして10分ほど煮る。
6. 5にトマトピューレ（またはトマトペースト）と植物油を加え，熱いうちにフウフウ（ダンプリング）にかけて出す。

ダンプリングを使ったデザート

◉トゥーロゴンボーツ（ハンガリーのジャムを添えたチーズダンプリング）

（4人分）
カテージチーズ…400*g*
卵（軽く泡立てたもの）…3個
セモリナ粉［パスタ製造用の上質の小麦粉］…135*g*
バター…大さじ1
パン粉…50*g*
キャスターシュガー…大さじ1
サワークリーム…110*ml*
ジャム…90*g*
粉砂糖（仕上げ用）

1. ボウルにカテージチーズと卵を入れて混ぜ，セモリナ粉を加えてさらに混ぜる。ふたをして冷蔵庫で1時間以上冷やす。
2. 塩を入れた水を鍋にかけ沸かす。
3. 手を水でぬらし，1を，ひとつにつき大さじ2ぐらいの分量で丸める。
4. 沸騰した湯に3を入れ，5～10分ゆでたら，穴じゃくしで取り出す。
5. フライパンにバターを入れて溶かし，パン粉，キャスターシュガーを入れ，軽く茶色に色づくまで丁寧に炒め，バットなどに取り出して冷ます。
6. 5に3を入れて転がし，全体にまぶす。
7. スプーン1杯のサワークリームと，スプーン½杯のジャムを添え，粉砂糖をふる。

……………………………………………

◉チョコレート入りラヴィオリのオレンジソース添え

（4人分）
（生地）
中力粉…200*g*
卵黄…3個分
冷水…40*ml*
（具）
ラヴィオリひとつにつき，ビターチョコレートまたはミルクチョコレート半かけ
（オレンジソース）
オレンジ…大2個
砂糖…50*g*

1. 大きなボウルに中力粉，卵黄，冷水を入れて混ぜ，生地がひとつにまとまり弾力が出るまでこねる。布巾をかけて30分ほどおく。
2. 133ページのラヴィオリの作り方を参照し，チョコレートを詰めた四角いラヴィオリを20個作り，冷蔵庫で冷やす。
3. オレンジソースを用意する。鍋にすりおろしたオレンジの皮，果汁，砂糖を入れ，薄いカラメル色になるまで煮詰める。
4. 冷蔵庫から2のラヴィオリを取り出し，すぐに沸騰した湯に入れる。数分ゆでたら湯切りし，オレンジソースをかけて熱いうちに出す。

……………………………………………

◉花見団子（日本の甘い米粉のダンプリング）

（5人分）
もち粉…140*g*
砂糖…50*g*
湯…75*ml*
ストロベリーピューレ（ピンク）…大さじ3
抹茶（緑）…大さじ1

1. もち粉に砂糖と湯を混ぜ，耳たぶぐらいのやわらかさになるまでこねる。
2. 小さいボウルを3つ用意し，1を3等分して入れる。ひとつのボウルの生地はそのままで，残りのふたつのボウルに，それぞれストロベリーピューレと抹茶を入れて混ぜる。
3. 2の生地を直径3*cm*ぐらいに丸める。
4. 3を沸騰した湯に入れ，表面に浮いてきたら取り出し，氷水に入れて冷やす。
5. 3色の団子をひとつずつ串に刺し，早いうちにいただく。

バーバラ・ギャラニ（Barbara Gallani）
欧州食品安全機関（EFSA）のコミュニケーションと対外関係局の局長。2014年1月，「科学と根拠を用いた適正な規制づくり」に関する功績により，サイエンス・カウンシル（英国王室公認の学術会議）が選出するイギリスの科学者トップ100へのリスト入りを果たした。また，英国の食品科学技術研究所（IFST）の公認科学者，特別研究員でもある。食に関する記事を「*The Grocer*」「*Food Manufacture*」「*Confectionery Production*」などの雑誌に積極的に寄稿する。

池本尚美（いけもと・なおみ）
翻訳家。早稲田大学教育学部英語英文学科卒。訳書に，カリーナ・アクセルソン『モデル探偵事件録——アクセル，パリを駆け巡る』（早川書房），リズ・ブラスウェル『眠れる森の美女——目覚めなかったオーローラ姫』（小学館）などがある。

Dumplings: A Global History by Barbara Gallani
was first published by Reaktion Books in the Edible Series, London, UK, 2015

「食《しょく》」の図書館《としょかん》

ダンプリングの歴史《れきし》

●

2019年8月27日　第1刷

著者……………バーバラ・ギャラニ
訳者……………池本尚美《いけもとなおみ》
装幀……………佐々木正見
発行者……………成瀬雅人
発行所……………株式会社原書房

〒160-0022 東京都新宿区新宿1-25-13
電話・代表03(3354)0685
振替・00150-6-151594
http://www.harashobo.co.jp

印刷……………新灯印刷株式会社
製本……………東京美術紙工協業組合

ISBN 978-4-562-05655-2, Printed in Japan

鮭の歴史　《「食」の図書館》

ニコラース・ミンク／大間知知子訳

人間がいかに鮭を獲り、食べ、保存（塩漬け、燻製、缶詰ほか）してきたかを描く、鮭の食文化史。アイヌを含む日本の事例も詳しく記述。意外に短い生鮭の歴史、遺伝子組み換え鮭など最新の動向もつたえる。　２０００円

レモンの歴史　《「食」の図書館》

トビー・ゾンネマン／高尾菜つこ訳

しぼって、切って、漬けておいしく、油としても使えるレモンの歴史。信仰や儀式との関係、メディチ家の重要な役割、重病の特効薬など、アラブ人が世界に伝えた果物には驚きのエピソードがいっぱい！　２０００円

牛肉の歴史　《「食」の図書館》

ローナ・ピアッティ＝ファーネル／富永佐知子訳

人間が大昔から利用し、食べ、尊敬してきた牛。世界の牛肉利用の歴史、調理法、牛肉と文化の関係等、多角的に描く。成育における問題等にもふれ、「生き物を食べること」の意味を考える。　２０００円

ハーブの歴史　《「食」の図書館》

ゲイリー・アレン／竹田円訳

ハーブとは一体なんだろう？　スパイスとの関係は？　それとも毒？　答えの数だけある人間とハーブの物語の数々を紹介。人間の食と医、民族の移動、戦争…ハーブには驚きのエピソードがいっぱい。　２０００円

コメの歴史　《「食」の図書館》

レニー・マートン／龍和子訳

アジアと西アフリカで生まれたコメは、いかに世界中へ広がっていったのか。伝播と食べ方の歴史、日本の寿司や酒をはじめとする各地の料理、コメと芸術、コメと祭礼など、コメのすべてをグローバルに描く。　２０００円

（価格は税別）

ウイスキーの歴史 《「食」の図書館》

ケビン・R・コザー／神長倉伸義訳

ウイスキーは酒であると同時に、政治であり、経済であり、文化である。起源や造り方をはじめ、厳しい取り締まりや戦争などの危機を何度もはねとばし、誇り高い文化にまでなった奇跡の飲み物の歴史を描く。　２０００円

豚肉の歴史 《「食」の図書館》

キャサリン・M・ロジャーズ／伊藤綺訳

古代ローマ人も愛した、安くておいしい「肉の優等生」豚肉。豚肉と人間の豊かな歴史を、偏見／タブー、労働者などの視点も交えながら描く。世界の豚肉料理、ハム他の加工品、現代の豚肉産業なども詳述。　２０００円

サンドイッチの歴史 《「食」の図書館》

ビー・ウィルソン／月谷真紀訳

簡単なのに奥が深い…サンドイッチの驚きの歴史！「サンドイッチ伯爵が発明」説を検証する、鉄道・ピクニックとの深い関係、サンドイッチ高層建築化問題、日本の総菜パン文化ほか、楽しいエピソード満載。　２０００円

ピザの歴史 《「食」の図書館》

キャロル・ヘルストスキー／田口未和訳

イタリア移民とアメリカへ渡って以降、各地の食文化に合わせて世界中に広まったピザ。本物のピザとはなに？世界中で愛されるようになった理由は？　シンプルに見えて実は複雑なピザの魅力を歴史から探る。　２０００円

パイナップルの歴史 《「食」の図書館》

カオリ・オコナー／大久保庸子訳

コロンブスが持ち帰り、珍しさと栽培の難しさから「王の果実」とも言われたパイナップル。超高級品、安価な缶詰、トロピカルな飲み物など、イメージを次々に変えて世界中を魅了してきた果物の驚きの歴史。　２０００円

（価格は税別）

リンゴの歴史 《「食」の図書館》
エリカ・ジャニク著　甲斐理恵子訳

エデンの園、白雪姫、重力の発見、パソコン…人類最初の栽培果樹であり、人間の想像力の源でもあるリンゴの驚きの歴史。原産地と栽培、神話と伝承、リンゴ酒（シードル）、大量生産の功と罪などを解説。　２０００円

ワインの歴史 《「食」の図書館》
マルク・ミロン著　竹田円訳

なぜワインは世界中で飲まれるようになったのか？　8千年前のコーカサス地方の酒がたどった複雑で謎めいた歴史を豊富な逸話と共に語る。ヨーロッパからインド／中国まで、世界中のワインの話題を満載。　２０００円

モツの歴史 《「食」の図書館》
ニーナ・エドワーズ著　露久保由美子訳

古今東西、人間はモツ（臓物以外も含む）をどのように食べ、位置づけてきたのか。宗教との深い関係、高級食材でもあり貧者の食べ物でもあるという二面性、食料以外の用途など、幅広い話題を取りあげる。　２０００円

砂糖の歴史 《「食」の図書館》
アンドルー・F・スミス著　手嶋由美子訳

紀元前八千年に誕生したものの、多くの人が口にするようになったのはこの数百年にすぎない砂糖。急速な普及の背景にある植民地政策や奴隷制度等の負の歴史もふまえ、人類を魅了してきた砂糖の歴史を描く。　２０００円

オリーブの歴史 《「食」の図書館》
ファブリーツィア・ランツァ著　伊藤綺訳

文明の曙の時代から栽培され、多くの伝説・宗教で重要な役割を担ってきたオリーブ。神話や文化との深い関係、栽培・搾油・保存の歴史、新大陸への伝播等を概観、また地中海式ダイエットについてもふれる。　２２００円

（価格は税別）

ソースの歴史　《「食」の図書館》

メアリアン・テブン著　伊藤はるみ訳

高級フランス料理からエスニック料理、B級ソースまで…世界中のソースを大研究！　実は難しいソースの定義、進化と伝播の歴史、各国ソースのお国柄、「うま味」の秘密など、ソースの歴史を楽しくたどる。　２２００円

水の歴史　《「食」の図書館》

イアン・ミラー著　甲斐理恵子訳

安全な飲み水の歴史は実は短い。いや、飲めない地域は今も多い。不純物を除去、配管・運搬し、酒や炭酸水として飲み、高級商品にもする…古代から最新事情まで、水の驚きの歴史を描く。　２２００円

オレンジの歴史　《「食」の図書館》

クラリッサ・ハイマン著　大間知知子訳

甘くてジューシー、ちょっぴり苦いオレンジは、エキゾチックな富の象徴、芸術家の霊感の源だった。原産地中国から世界中に伝播した歴史と、さまざまな文化や食生活に残した足跡をたどる。　２２００円

ナッツの歴史　《「食」の図書館》

ケン・アルバーラ著　田口未和訳

クルミ、アーモンド、ピスタチオ…独特の存在感を放つナッツは、ヘルシーな自然食品として再び注目を集めている。世界の食文化にナッツはどのように取り入れられていったのか。多彩なレシピも紹介。　２２００円

ソーセージの歴史　《「食」の図書館》

ゲイリー・アレン著　伊藤綺訳

古代エジプト時代からあったソーセージ。原料、つくり方、食べ方…地域によって驚くほど違う世界中のソーセージの歴史。馬肉や血液、腸以外のケーシング（皮）などの珍しいソーセージについてもふれる。　２２００円

（価格は税別）

カクテルの歴史 《「食」の図書館》
ジョセフ・M・カーリン著　甲斐理恵子訳

氷やソーダ水の普及を受けて19世紀初頭にアメリカで生まれ、今では世界中で愛されているカクテル。原形となった「パンチ」との関係やカクテル誕生の謎、ファッションその他への影響や最新事情にも言及。

2200円

メロンとスイカの歴史 《「食」の図書館》
シルヴィア・ラブグレン著　龍和子訳

おいしいメロンはその昔、「魅力的だがきわめて危険」とされていた!? アフリカからシルクロードを経てアジア、南北アメリカへ…先史時代から現代までの世界のメロンとスイカの複雑で意外な歴史を追う。

2200円

ホットドッグの歴史 《「食」の図書館》
ブルース・クレイグ著　田口未和訳

ドイツからの移民が持ち込んだソーセージをパンにはさむ——この素朴な料理はなぜアメリカのソウルフードにまでなったのか。歴史、つくり方と売り方、名前の由来ほか、ホットドッグのすべて！

2200円

トウガラシの歴史 《「食」の図書館》
ヘザー・アーント・アンダーソン著　服部千佳子訳

マイルドなものから激辛まで数百種類。メソアメリカで数千年にわたり栽培されてきたトウガラシが、スペイン人によってヨーロッパに伝わり、世界中の料理に「なくてはならない」存在になるまでの物語。

2200円

キャビアの歴史 《「食」の図書館》
ニコラ・フレッチャー著　大久保庸子訳

ロシアの体制変換の影響を強く受けながらも常に世界を魅了してきたキャビアの歴史。生産・流通・消費についてはもちろん、ロシア以外のキャビア、乱獲問題、代用品、買い方・食べ方他にもふれる。

2200円

（価格は税別）

トリュフの歴史　《「食」の図書館》

ザッカリー・ノワク著　富原まさ江訳

かつて「蛮族の食べ物」とされたグロテスクなキノコはいかにグルメ垂涎の的となったのか。文化・歴史・科学等の幅広い観点からトリュフの謎に迫る。フランス・イタリア以外の世界のトリュフも取り上げる。　2200円

ブランデーの歴史　《「食」の図書館》

ベッキー・スー・エプスタイン著　大間知知子訳

「ストレートで飲む高級酒」が「最新流行のカクテルベース」に変身…再び脚光を浴びるブランデーの歴史。蒸溜と錬金術、三大ブランデーの歴史、ヒップホップとの関係、世界のブランデー事情等、話題満載。　2200円

ハチミツの歴史　《「食」の図書館》

ルーシー・M・ロング著　大山晶訳

現代人にとっては甘味料だが、ハチミツは古来神々の食べ物であり、薬、保存料、武器でさえあった。ミツバチと養蜂、食べ方・飲み方の歴史から、政治、経済、文化との関係まで、ハチミツと人間との歴史。　2200円

海藻の歴史　《「食」の図書館》

カオリ・オコナー著　龍和子訳

欧米では長く日の当たらない存在だったが、スーパーフードとしていま世界中から注目される海藻…世界各地のすぐれた海藻料理、海藻食文化の豊かな歴史をたどる。日本の海藻については一章をさいて詳述。　2200円

ニシンの歴史　《「食」の図書館》

キャシー・ハント著　龍和子訳

戦争の原因や国際的経済同盟形成のきっかけとなるなど、世界の歴史で重要な役割を果たしてきたニシン。食、環境、政治経済…人間とニシンの関係を多面的に考察。日本のニシン、世界各地のニシン料理も詳述。　2200円

（価格は税別）

ジンの歴史《「食」の図書館》

レスリー・J・ソルモンソン著　井上廣美訳

オランダで生まれ、イギリスで庶民の酒として大流行。やがてカクテルのベースとして不動の地位を得たジン。今も進化するジンの魅力を歴史的にたどる。新しい動き「ジン・ルネサンス」についても詳述。　２２００円

バーベキューの歴史《「食」の図書館》

J・ドイッチュ／M・J・イライアス著　伊藤はるみ訳

たかがバーベキュー。されどバーベキュー。火と肉だけのシンプルな料理ゆえ世界中で独自の進化を遂げたバーベキューは、祝祭や政治等の場面で重要な役割も担ってきた。奥深いバーベキューの世界を大研究。　２２００円

トウモロコシの歴史《「食」の図書館》

マイケル・オーウェン・ジョーンズ著　元村まゆ訳

九千年前のメソアメリカに起源をもつトウモロコシ。人類にとって最重要なこの作物がコロンブスによってヨーロッパへ伝えられ、世界へ急速に広まったのはなぜか。食品以外の意外な利用法も紹介する。　２２００円

ラム酒の歴史《「食」の図書館》

リチャード・フォス著　内田智穂子

カリブ諸島で奴隷が栽培したサトウキビで造られたラム酒。有害な酒とされるも世界中で愛され、現在では多くのカクテルのベースとなり、高級品も造られている。多面的なラム酒の魅力とその歴史に迫る。　２２００円

ピクルスと漬け物の歴史《「食」の図書館》

ジャン・デイヴィソン著　甲斐理恵子訳

浅漬け、沢庵、梅干し。日本人にとって身近な漬け物は、古代から世界各地でつくられてきた。料理や文化としての発展の歴史、巨大ビジネスとなった漬け物産業、漬け物が食料問題を解決する可能性にまで迫る。　２２００円

（価格は税別）